長嶋茂雄

野球人は[illegible]とに若返る

KADOKAWA

野球人は1年ごとに若返る

はじめに

放談、茶話、あるいは雑談、どれに当てはまるのやら。この本に集められた短い文章は、いずれも私の談話からまとめたものです。届けられたゲラ（下刷りのことです）をパラパラめくってみると、思い出話あり、身辺雑記あり、社会観察あり、と、まあ、多彩なテーマが並んでいると言えば言えますが、好奇心いっぱいの私の性向そのままに散らかっていて、まとまったテーマに絞られていません。けれども全体に流れているのは〝野球人〟としての見方だと思います。そして、当然のこととして、野球の話が一番多くなりました。

もとになったのは、セコムがインターネット上に展開している『セコム・おとなの安心倶楽部』にアップしている月1回の連載コラムです。始まったのは2010年11月からで、今も続いています。

野球がメインのスポーツの話題から始まって世事万端、オフはホテルの談話室となりますが、野球のレギュラーシーズン中は東京ドームのサロンに試合前4、5人が集まってわいわいやる。そのときの私の発言からOB野球記者が雑文のテーマを選んでまとめるのです。

「おい、あれ誰だったか。顔は覚えているんだが、名前が……あれだよ」

「あれですか。あれだと思うけれど、何と言ったっけ」

と、まとめ役も私より10歳ほど年下なのに年相応で話が進まない。

「家に帰って風呂の中ででも思い出してくれ」

といった調子で雑談の〝空白部分〟は埋め合わされて書かれました。

ひとつお断りしておきます。5年間にわたる雑文の中からのピックアップですから、当然のこととしてタイムラグ（時差）が発生しています。富士山を語ったときは、まだ世界遺産に登録されていなかった、といった種類の違い、変化ですね。その種の変化、結果に合わせての改訂はしませんでした。「後出しじゃんけん」のようですし、試合後の結果論、後知恵は好きではありません。そこで、それぞれの文末にネット上に掲載した年月日を入れてもらいました。

歳を取った人間の特権は、何を言っても大目に見てもらえることではないでしょうか。私も「傘寿」になりますから、相当のことを言っても許されそうです。逆風が来たら「ちょっととぼけてしまって」でかわせば通りそうです。

とはいえ、ゲラを読むと「結構抑制されている」と思ってはいますが。

読者の皆さんはどう感じてくださるか、楽しんでいただければ嬉しいです。

もくじ

第三章 やはり野球は面白い

この書籍はセコム株式会社が運営するウェブサイト「おとなの安心倶楽部」(www.secom.co.jp/otona/) 掲載のインタビュー記事「月刊長嶋茂雄」(２０１０年11月〜２０１５年12月) の内容に基づいています。
また、人物名・所属・肩書き等は当時のものを記載しています。

カバー撮影／根本好伸　装丁／内田晶子　写真提供／読売新聞社・報知新聞社・長嶋茂雄

第一章

人生に引退はない

リハビリは嘘をつかない

「お久しぶりです」と言ったらいいのか、
「ご無沙汰していました」と言ったらいいのか。
ご心配をお掛けしましたが、何とか活動できるまでになりました。
そこで第一声はリハビリテーションの成果をお話ししたい。
「リハビリは嘘をつかない」
と声を大にして言いたいですね。
それが実感だなあ。

振り返ってみれば、2004年3月に脳梗塞で倒れてから、リハビリが生活の中で重要な時間になりました。1日、1日がリハビリの連続、それが週となり月になり、積み重なり、こうして今の私がある。身体機能回復のリハビリは、薄紙を積み重ねていくようなもので、急に目に見えるような成果が現れるわけではありません。あきらめないこと、続けること、これがすべてではないでしょうか。

ハードなリハビリに耐えられるのは選手時代の練習のたまもの

そのことをちょっとお話ししましょう。

朝は5時半に起床です。ここからリハビリがびっしり詰まっている。午前中のスタートは散歩、ウォーキングです。これを40分から45分。家に戻ってからはマッサージとリハビリですが、午後が本格的になる。リハビリテーション病院でトレーナーと一緒に、器具を使って上半身、下半身をたっぷり動かします。

ときどき「合宿」と称して日常メニューから外れて、きついリハビリを集中的に数日間続けることもある。正しいウォーキングからエアロバイクを使ったヒザの強化。腕、脚の内側、外側の筋肉の強化。背筋、腹筋も鍛える。不自由になった右腕の筋肉を取り戻すトレーニングはもちろんですが、身体全体のバランスを取るメニューを終日やる。5、6時間くらい続けますかねえ。日中は、仕事や用事で出掛けることもありますが、夜10時には決まって就寝します。

そういえば、NHKテレビで、病院で汗をかいているところがちょっと紹介されたことがありましたが、観た人から「リハビリというよりトレーニングですね」と感想を言われました。たしかに他の人ではここまでやれないと思いますよ。ハードですから。

選手出身の球団職員で秘書役をしてくれているT君は「これは僕にもできない。監督（と、今でも呼んでいるんです）は身体の一部は故障したが、もともと丈夫だし、体力もあるからできるんです」とリハビリの様子をたずねる人に説明するそうです。そうかもしれません。それと、野球界では練習を1日休むと取り戻すには3日かかる、と言われています。そういう身体を動かすことの大切さが染みついていますから、耐えられるんですね。日曜日は休みますけれど。

自分との戦いは投手との戦いよりつらい 逃げちゃダメだ

リハビリは苦しく、つらいものです。「なぜ、続けられるのか」と自問自答することもある。そんな時に思い出すのは選手時代の練習です。イチローが「自分以上に練習する者がいたら、自分と同じか自分以上の者が出てくる」と言ったとか。ただの噂話かもしれませんがうなずきます。私も誰よりも練習したという自負があったから、どんな投手にも、誰にでも勝てると信じていました。

けれども、こういう相手のいる戦いは、ある意味では簡単なんですね。リハビリには目標になる外部の「敵」がいないんです。敵は自分の内部にいる。弱気になる自分ですね。効果が上がらない、苦しい、それでやめてしまう。そんな意志の弱い自分が敵になります。

私は、負けるのは相手が自分でも嫌でした。そんな弱い自分に「勝とう」と決めました。気持ちをアグレッシブに保って「やるからには勝ってやる」。それで、ここまで来ました。この先にはゴルフをやったり、始球式で投げたり、打ったりが待っていると思っています。

私と同じように脳梗塞の後遺症と闘う人は200万人とか。いいですか、弱気になり、逃げてはダメです。

「リハビリは嘘をつかない」

これを信じて、と言うよりそれが事実ですから、自分との戦いを続けていくだけです。

（2010年11月1日）

マシンを使ったリハビリの様子。2009年11月撮影。「己に打ち勝つ」ための戦いが、毎日のように繰り返されている。

健康は前向きな気持ちから

仕事から引退することはあっても、
人生からの引退はありません。
ですから毎日が前進です。
日々をいきいきと過ごしたいものです。
それには「気持ちはいつも前向きに」とつくづく思います。
こんなことを意識したのは、
思いもかけない病にかかってからです。

若いころから健康には細心の注意を払っていた自負があります。タバコは風邪で喉を痛めた選手時代の1970年にやめてしまったし、酒もほとんど飲みません。食事も腹八分目を守ってきました。「ファンのためには休めない」という職業上の義務感もありましたが、身体も気持ちも健全に保つことが本能のようになっていた。選手時代の身長177センチ、体重77キロはいまも変わりません。それでも病気になるのですから、怖いものです。

趣味を持つことの大切さが活力を生む
私は人一倍、好奇心が強い

さて、そこでわれらシニア世代の毎日の過ごし方です。仕事熱心だった人ほど、引退後は日々の張り合いを失って老け込んでしまうと言われます。けれども私はそうならなかった。好きな野球が仕事だった、天職だったという幸運がまずあります。野球は1年を通して刺激を与え続けてくれる。レギュラーシーズンからポストシーズンの試合、オフのストーブリーグ、そしてキャンプ、オープン戦とカレンダーは一年じゅう野球で詰まっています。プレーや指揮から離れても、気持ちの上でいつも野球と一緒になっていられる。これがラッキーでした。

もっとも私は好奇心が人一倍です。アンテナがいつもクルクル回っている。野次馬精神旺盛、自分でも年齢のわりに気持ちは若いと思います。野次馬が走った例を挙げてみましょうか。

アテネオリンピックの代表監督をしていた2003年のことです。翌年のオリンピック本番では、チームの時差調整をイタリアでやってアテネに乗り込むことにしていたので、その下調べで9月に、背広組スタッフ数人と現地に飛びました。イタリア野球連盟の口利きでオリンピック用の練習場、ホテルを押さえギリシャへの移動……と、かなりきついスケジュールだったのですが、ミラノで好奇心に火がついた。近くの修道院に『最後の晩餐』の壁画があるのに気がついたのです。レオナルド・ダ・ビンチの世界の名画ですね。保存のため見学は予約制で一日に何人だかと決められているのですけれど、拝み倒して「一人ならば」と〝拝観〟のチャンスをもらいました。画集でおなじみとはいっても400年前の壁画ですから、色彩もはっきりしない古色蒼然たるものです。細部は画集のほうがよくわかるような気がしましたけれど、定められている見学時間は15分、「これが本物か」と感激しました。

野次馬の気持ちに火がついて見学したモディリアーニの名画

これが倒れる前で、病後はリハビリを積み、歩くのに自信がついた4年目の2008年の春になります。東京・六本木に完成した国立新美術館で大がかりなモディリアーニ（私たちの世代は、モジリアニと言っていました）展があるのを知って、たまらなくなりました。モディリアーニが描くアーモンド型の目と首の長い、一度観たら忘れられない人物像が昔から好きだったのです。内覧会に加えてもらい駆けつけ、150点の作品を堪能しました。
　絵は選手時代から好きで、画集で眺め、解説の画家の評伝を読むなど、ずっと興味が続いています。倒れる前と倒れた後、どちらも悪条件の中で気持ちに火がつき、我慢できなくなり、直感的に行動に移した名画の見学だったのです。趣味（自分の好きなこと）がいかに気持ちを前向きにするか、身をもって体験しました。

　よく趣味を持つことの大切さを耳にします。なるほど、こういうことなのだなと納得しました。何も絵に限ったことではない、新聞やテレビで面白そうなことを見聞きすると野次馬の気持ちが動き出します。これは子どもの好奇心と同じ、だから気が若いのでしょう。

（2010年12月1日）

アテネオリンピックの日本ベンチ。長嶋監督が背番号の「3」を記した日の丸とユニホームが士気を高めた。

健康維持の土台はウォーキング

ウォーキングに取り組む人たちの姿をよく見かけます。
中高年の人たちが、背筋を伸ばし、胸を張り、前方をキッと見据えて、
小学校入学当時に並んで行進させられたときのように、
腕を元気に前後に振って歩いています。
きりっとしたこの姿勢を見て
「お出かけですか」などと聞く人はまずいないでしょう。
たとえ聞かれても「ウォーキングです」と答えればよろしい。
「歩く」のと「ウォーキング」は別物ですよ。
体のメンテナンス活動のメインになるのがウォーキングです。

私は早朝40分から45分のウォーキングを欠かしません。体を動かすことを仕事にしてきましたから、厳格な体調・健康管理が生活の基本でした。ですからウォーキングは呼吸するのと同じこと。ことさら意識するものではなかったのです。しかし、病で倒れ、リハビリに取り組むようになり、改めてウォーキングの大切さを噛みしめています。

最近、リハビリ開始当時のウォーキングを知る人から「歩くスピードがずいぶん早くなりましたね」と言われます。確かに歩く速さは徐々にですが早くなっている手ごたえはあります。そして、これが不自由になった体の機能回復具合を示すバロメーターになっているのに気付かされました。

年齢に応じたウォーキング・スピードで

ウォーキングのスピードと言えば第一期監督時代のキャンプを思い出します。就任2年目、最下位になった翌年の1976年です。宮崎市内から青島に宿舎を移して、私も期するところはありました。選手の起床散歩は朝の7時すぎ、青島海岸で朝日を浴びての体操から一日が始まるのですけれど、私はそれより1時間以上前の早起きです。暗いうちから青島のぐるりを回るウォーキング、当時この言葉は使われていませんから、散歩を決めたのです。

で、その散歩ですが、何も言わなかったのに初日に宿舎ロビーに降りると数人のカメラマンと担当記者が待ち受けていました。取材陣の宿舎は青島から車で30分ほどの宮崎市内。前の晩は一杯やって遅いのが決まりでしょうから、ご苦労にも4時起きで駆け付けたらしいのです。「変な人だから絶対一人散歩をやる」と予想したと言われました。

変な人かどうかは別にして、その日からキャンプ終了まで4週間、記者・カメラの数はだんだん増えて多いときには20人ほどが一団になって2月の寒風が吹く暗がりを白い息を吐きながら小走りのウォーキング。私には出直しの気持ちもあるから無駄口は聞かない。時々光るフラッシュに眼がくらみ雑貨屋の青色のホーロー引きの「塩」の看板に衝突した記者もいたそうです。いまだに「時代劇の盗賊集団みたいで、変な散歩だった」と懐かしむOB記者もいるようです。

妙な話になりましたが、40年近く前の挿話を引き合いに、年齢に応じたウォーキング・スピードがあることを言いたかったのです。

考えてみれば足腰を弱らせないでおくことは体調・健康管理の土台でした。野球を例に取れば、調子の悪くなった選手が第一にやることが、打者も投手も下半身の鍛え直しです。ランニングです。下半身がグラグラしていては、打者はまともにバットが振れないし、投手は力の入った投球を生みだすシャープな腕の振りができません。不安定な土台にまともな家が建たないのと同じことです。

続けてこそ効果が上がる
さあ、ウォーキングをはじめませんか？

一般の人たちにはこのランニングがウォーキングになるでしょう。言わずもがなですが、大事なことを付け加えます。

休まず続けることです。球界では「一日休んで落ちた筋力を取り戻すには三日の練習が必要」と言い伝えられています。怪我や故障で休んだ日数の三倍練習をしないと元に戻らないというのです。科学的に正しいかどうか、また、私は怪我で長く休んだ経験があまりありませんから「その通り」とは断言しませんけれど、感覚的に〝正しい〟と思います。継続こそ力です。多少の雨でもやるべきでしょうね、休んだら数日間ウォーキング距離を延ばせとまでは言いませんけれど。

お勧め時間はやはり早朝、澄んだ空気が体に取り込まれて血液までもが澄んでくる思いで身が引き締まります。歩け、歩け……ではなかった。ウォーキング、ウォーキング。


（2012年6月1日）

宮崎で行われた巨人軍秋季キャンプ。青島海岸で日課となった散歩をする長嶋監督。1992 年撮影。

食いしん坊歴を振り返って

「グルメですか」と聞かれると首をかしげてしまう。
「美食家」でもなければ「食通」でもありません。
ただ、美味しいものには目がないから
「食いしん坊」なのは間違いなし。
もっとも最近の「グルメ」は、食べ物に対して好奇心が旺盛で、
何でも食べてやろう、美味しいものを見つけてやろう、
変わった料理にトライしてみよう、などと
「食のすべてを楽しむ人」の意味に使われているようです。
それでも、私の場合はやはり「食いしん坊」がいいでしょう。

我が〝食いしん坊歴〟を振り返ると、好き嫌いはないものの、年齢を重ねるに従ってメインの好みが変わってきたのに気が付きます。

肉料理主体だったのが、60代に入って魚になり、和食が中心になったのです。エネルギーが必要な若いころは、体がハイ・カロリーで濃い味の食べものを求め、歳をとるとロー・カロリーの薄味の食べものになる。肉食系から草食系へ、これは体の変化による自然の流れなのでしょう。

最高の肉料理はレアの子ジカ肉
最高の中華料理はレストラン経営の夢まで生んだ

肉料理のベストといえば、監督になって初優勝した1976年に、アラスカで石油事業をしていた知人が「V1祝い」でご馳走してくれた子ジカ肉の刺身ですね。一番美味しく食べられる日から逆算してハンティングしてきたそうで、シカ肉のトロでした。

これは「レア＝生肉」。それと正反対の「ウエルダン＝よく焼く」で忘れられないのがアフリカ旅行での炭のように真っ黒に焼かれたステーキ。食欲がわくか、味がどうかはともかく、見た瞬間に「これだけ完全に〝熱処理〟をしていれば間違っても腹は壊すまい」と思ったものです。

いまも変わらず好きなのが中華料理です。この極めつきはこれも30年以上も前になる北京の人民大会堂での食事でした。野球を教えて欲しいと招待された旅のVIP用の特別料理で、小皿に上品にほんの一箸の料理、食材は教えてもらわないと見当もつかないほど凝った料理が、次々と舌を楽しませてくれたのです。この人民大会堂での料理には本当に唸りました。

中華料理はフランス料理と並んで世界の食文化のトップに君臨し、世界中にピンからキリまでの店が進出している。人民大会堂の本場のトップ料理から、たとえばアメリカの田舎町キャンプ地・ベロビーチのチャイニーズ・レストランの「腹が減っていればまずいものなし」の中華料理（だったのでしょう）まで、幅広く奥深い。

中国旅行から帰国してしばらくの間、サイドジョブなら中華料理店だ。勝負の決め手は「味」、それには腕利きの料理人を見つけるのが一番で、人民大会堂の料理人の一人を引き抜けば〝長嶋飯店〟の成功疑いなし、と吹きまくったものでした。昨今はレストランの間で、腕利きシェフの引き抜き合戦があるようですから、我が夢の中華料理店経営の勘所はいいところをつかんでいた気がしますね。

そして最後はお袋の味 野菜の煮物の和総菜に行き着く

冗談はともかく、今の和食への好みの変化を自覚したのは第二期監督の宮崎キャンプだったかもしれません。ある日、カボチャの煮物が出てきた。これがふっくらほっこり、実に美味かった。なるほど名物の日向カボチャは違うなと感想を漏らしたところ、それから今日はふっくら、明日はほっこりです。

カボチャの煮物が何日続きましたかねえ……。野菜の煮物は、私たち世代ではお袋の味につながっているようだ、などと、連日カボチャを味わいながら思ったものです。

取りとめない話になりました。これで「グルメ」でないのは分かっていただけたでしょう。ただ、食いしん坊の心得として昔からずっと守っているのが「腹八分目」、そうして日々の食事を楽しんでいます。

（2011年6月1日）

プロ入りした1958年の9月に撮影された食事風景。この年は本塁打王(29本)・
打点王（92打点）の2冠を獲得。

旅は人の心を豊かにする

野球カレンダーの2月は〝キャンプの月〟です。
私も、巨人のキャンプに出かけます。
リハビリ中ですから、あわただしい小旅行になりますが、
疲れよりも気分一新のリフレッシュ感覚の方がはるかに強いものです。
日常生活から場所が変わり、空気が変わり、交わる人たちが変わり、
食べ物が変わる……
それが心と体の隅々まで刺激して、
日常のこわばりをほぐしてくれるのでしょう。

仕事柄、日本国内の主な都市はほとんど行きました。好きなところもたくさんあります。

しかし、自由に出歩けるかというと、制約されてしまう。人の山になってしまうんです。

自由に歩き回れるのは海外です。そんな旅を堪能したのはユニホームを脱いでいた1980年代の〝浪人中〟でした。アメリカ、ヨーロッパはもちろん、好奇心が旺盛ですから、キューバ、中国、アフリカにも足を延ばしました。さらには難民キャンプや、韓国と北朝鮮が対峙する軍事境界線まで出かけました。

もっとも、30年も前の思い出話を並べても仕方がない。いまは世界のあらゆる街から秘境にまでツアー網が張り巡らされています。どこにだって行けますから。さらに、テレビのドキュメント番組がある。お茶の間で世界遺産でも最高級レストランでもアルプスの頂上でもすごい映像で見られます。知識が増えて、便利なことこの上ない。

五感のすべてで旅を満喫する
それが知識を超えてゆく

けれどもこの便利さ、手軽さは〝落とし穴〟でしょう。アフリカの最高峰・キリマンジャロ登山ツアーのドキュメントを衛星放送でやっていました。かつてタンザニアの平原からはるかに望んだ峰の記憶とダブり、食事に困って日本から持って来たインスタントラーメンを食べていたことを思い出しました。キリマンジャロに関する情報量では、我が記憶はテレビにはとてもかなわない。しかし、インパクトの度合いは、たとえハイビジョン映像が３Ｄだったとしても、「インスタントラーメンとキリマンジャロ体験」の足元にもおよびません。

ショッピングでもそうですね。日本の大都市ならニューヨークやローマ、ベネチア、パリなどの世界の名店の品物が買える。通販もある。しかし、小銭入れ一つでも現地の本店で手に入れた品は、銀座で手に入る品とまったく同じでも、その人にとって価値は全然違う。体験した旅のトータルが、現地で買った小銭入れに詰まっているからです。

国内でも外国でも旅先での一度の体験は、映像で見たり、本で読んだりで得た大量の情報、知識にまさります。

その意味で、気になっていることがあります。これは「旅」とは言えないかもしれませんが、最近しきりに言われる若者の〝内向き〟姿勢です。グローバル化の時代にこれは困ったことです。留学生の数など激減しているそうです。これから国の将来を担う若者が「引きこもり」で液晶画面やインターネットの情報だけでは豊かな感性を持った幅広い人間ができるはずがない、と思います。

柄にもないことを口にしましたけれど、旅は面白く楽しいが、お金も時間もかかるうえ、不便さが伴い、思いもかけない面倒も起こる。だから旅先での出来事はささいなことでもいつまでも忘れない。だから旅は人間を豊かにしてくれるのです。

日常から離れた旅が人生の特別な1ページを作る

ところで、外国で最も長くいたのはフロリダ半島の田舎町ベロビーチです。巨人キャンプでの滞在で選手として2度、監督で1度、それぞれ1カ月近く滞在しました。

こんなこともありました。日本から同行した記者とカメラマンたちが「たまには贅沢を」とシーフード・レストランに出かけた。エビを食べようとなって、和英辞典をひいて「シュリンプ」と注文した。小エビのカクテルが出てきたので一人が「ノー、ノー、ビッグ・シュリンプ」と両手でハサミを作って頭の上にかざしてみせると、ウェイトレスが「ああ、ロブスターね」。

さらに、トラベラーズ・チェックを現金化しようと「バンク」の表示がある建物に入ったら「血液銀行」。「いい服が並んでいるぞ」と飛び込むとクリーニング屋だった……。

外貨持ち出し額が制限されていた40年も前の話で、断っておきますが、話の主役は私ではありませんよ。キャンプに出かけるたびに、こんな他愛のないエピソードまでがよみがえって、今度は何が、と心が浮き立つのも旅の功徳に違いありません。

旅はその一つ一つが人生の特別なページを増やすようなものです。「書を捨てて街に出よう」と言ったのは私と同世代の詩人・寺山修司さんですが、出ていく先は街に限らない方がよろしい。より広く旅すればより多くの、そう、笑い話さえも身につけられる。旅はいいものです。

（2011年2月1日）

カメラを巡って、その技術と楽しみと

カメラに囲まれて過ごしてきました。
最近では携帯電話を向けられます。
電話と写真機が一体になった
ケータイのおかげもあるのでしょう。
カメラ愛好者がシニア世代に増えているといいます。

デジタル・カメラになり、フィルム・カメラの現像の手間がなくなりました。自動式で露出からピント合わせまでカメラがすべてやってくれる。一度に撮れるカット数がフィルム時代は最多36枚だったのが900カット、1000カットは当たり前だとか。撮影者はシャッターを押すだけですが、レンズを交換し、色調やら構図やらはコンピューター上の画面で好きなように修正できるので、手をかけるマニアックな好みも満たされます。

これは楽しいに違いありません。機械に弱いシニア世代には魅力的です。ただ、私には寂しい思いもきざしてくる。ちょっと大げさですが、消えゆく職人技や名人芸についてです。

クラシックのアナログ・カメラはさまざまな名人芸を生んだ、共感呼ぶ技術競争

私が巨人に入団した昭和30年代（1950年代半ばです）、新聞社の主力カメラ

はスピード・グラフィック（通称スピグラ）でした。週刊誌大の箱型の大きなカメラで、電気スタンドのようなフラッシュライト付き。フィルムは1枚。「これで優勝や当選の万歳三唱を3枚撮れれば報道カメラマンとして一人前なんだ」と聞かされた覚えがあります。最初の万歳で、パシャと1枚、すかさずフィルムを入れ替え、フラッシュのバルブ（電球）も新しいものに付け替えて、次の万歳でもう1枚、またフィルムとバルブを交換して最後の1枚。息をのむ早技です。

けれどもこの名人芸は、フィルムの巻き上げがクランク式のレンジファインダー・カメラが主力になると滅びます。万歳三唱3枚は、アマにでも可能になったのです。それから一眼レフの登場。はるかな外野席から望遠レンズで打席に立つ私たちが狙われるようになりました。

ここではバットがボールをとらえるインパクトの瞬間を撮るのが勝負です。バットとボールがピタリと重なっているか、ゴルフならクラブのフェイスにボールがくっついているか。シャッターチャンスの技が争われた。ところがこの高等技術も、モータードライブがついた連続撮影用カメラが出現するにおよんで消えてしまいます。カメラの性能の向上が名人芸を滅ぼしたのです。私たち野球選手も技術の競争ですから、技術を争うカメラマンには親近感があって、カメラさんとよく交わした雑談のなかで得た知識です。

「チョーさん、打つときファインダーからはみだしちゃうよ」

とベテラン・カメラマンに言われて打席で構えたときに、中心線がずれていたのに気付かされたこともあったなあ。被写体としての私は、あれこれポーズを付けられるのは苦手でした。シャッターを押す前にイメージを固めていて、2、3度シャッターを切って「OKです」なんて言うのが理想のカメラマン。まあ、せっかちなんですね。

我が愛用は世界の名機「ライカM3」手にするだけで良い気分

ところで我が写真歴ですが、プロ2年目の1959年（昭和34年）に発売間もない「ライカM3」を手に入れました。いまだに世界カメラ史上トップと言われるドイツ製の名機です。

さぞやいい写真が撮れたでしょう、とは尋ねないでくださいな。いかにも精密機械らしい重量感、しっとりと手になじむ胴部に貼られた革、「カシャ」という引きしまった独特のシャッター音。ひとこと言わせてもらえば、M3は撮るものではなく手の中で楽しむもの、これで腕前は想像していただくとして、光学機械から電子機械になったカメラですが、きっと新しい楽しみ方もいろいろ開発されていることでしょう。また、新しい名人芸も。

ともかくカメラ・写真の世界は広く深いものです。どっぷりと漬かりがいがあるはずです。楽しんでください。私も久しぶりにM3のシャッターを押してみましょうか……。

（2011年7月1日）

東京オリンピックの柔道会場でソ連のカメラマンから借りたカメラを構える長嶋茂雄。右は王貞治。

子どもは外で元気に遊ぶのが一番

子どもはいいものです。
活発で、好奇心が旺盛で、いつも目が輝いている。
そんな姿を見ているだけで、元気がもらえます。
4月になると幼稚園や小学校に向かう
新入生の姿をよく見かけます。
目にする誰もが、いい気持ちになるのではないでしょうか。

けれども、街で走っている子ども、ワイワイ騒ぎ遊んでいる子どもたちがめっきり減ってしまった。元気に跳ね回る子どもの姿が少なくなったのには寂しさを覚えます。自分の記憶を探ってみても、終日飛び回っていた子どもの頃の思い出は、かけがえのないものとして残っています。

また、思い切り身体を動かしていたのがよかったのだと感じます。私たち世代に、ある程度共通していた丈夫な身体の土台は、このわんぱく時代に作られたような気がするからです。

わんぱくだった小学校時代が、この丈夫な身体を作ってくれた

小学校時代の私は、身体が小さくて「チビ」と呼ばれていましたが、脚の速さはトップでした。イヌのポチより速いというので愛称が「ポチ」に変わり、ついには「大将」、ガキ大将へと〝昇進〟したんですね。

私が生まれたのは、プロ野球が『日本職業野球連盟』として誕生した昭和11年

（1936年）、現在の佐倉市に編入された千葉県印旛郡臼井町です。

印旛沼近くの自然豊かな町ですから、遊びといえば同年代の仲間たちとの山歩き、これが大好きでした。川での水泳、海水パンツではなく越中フンドシでの水遊びです。六尺フンドシは大人用です。そうそう、竹馬は抜群にうまかった。竹馬に乗っての競争では、まず負けませんでした。

何よりも恵まれていたのは、広く高い空のもとに広がる野山のプレーイング・フィールド（遊び場）です。遊具は少なかった。あっても竹馬のような手製のもので、全身運動で使うものがほとんどです。「遊び」は子どもが自分で工夫し身体を動かして作り出し、それで夢中になれたのです。大人から「汚れるから止めなさい」とか「危ないからダメ」などと過保護にされた記憶はありません。「遊び」とは大汗をかき、お腹を減らし、時には擦り傷や青あざをこしらえるものでした。身体が鍛えられるばかりか、たまのケンカも熱いコミュニケーションのようなもので、それで自然に人との付き合い方を学んだ。振り返るとそんなことに気が付きます。

便利さに甘えてはいけない
さあ、思い切り身体を動かそう！

そこで今の子どもたち。何をするにも身体を動かさないですむようになってしまいました。遊びもゲーム機が主役になり、液晶画面を眺めてキーを操作する眼と指の運動だけになったようです。そして、食べ物はハイ・カロリー。これでは、子どもたちが太って体力測定の数値が年々落ちるのは当然ですが、国民全体の健康問題にまでなったのは世界の先進国共通だと言いますね。

子どもの生活は、私たち大人の生活を映し出します。交通手段の発達で身体を動かす機会が減り、飽食が原因の生活習慣病が心配になり、電子機器による簡便なコミュニケーションで人間関係が薄くなったこと。テレビや新聞で報じられるそんな大人の課題、すべてが子どもたちに重なります。

食べ物はロー・カロリー、遊びはアクションの連続、物がなくとも心身ともに健全に育ててくれた自然がいっぱいの昔は、今から思うと実に贅沢な環境でした。私たちは便利さと引き換えに大切な何かを失ってしまったようです。

東京ドームに試合を観に行った時のことです。試合が始まるまで、球場外のコンコースを見はらすサロンで雑談をしていたのですが、背中に視線を強く感じました。「おやっ」と思って振り返ると、ガラス越しに小さな男の子がサロンの中をのぞいている。目が合ったので、手を振ると目をキラキラさせている。好奇心に満ちた目。そうです、子どもの遊び好きの本能は、今も昔も変わらないのです。子どもたちは、いつでも身体を動かすチャンスをうかがっているようです。

「チビ」の時代から身体を動かし続けてきた私は、あらためて自然体で運動にのめり込んでこられた幸運を思いました。

運動は健康を保ち、気分を爽快にし、遊んだ場所が自然の中ならば忘れられない思い出を作り、それを見ている人まで元気づける効能がありそうです。ゲーム機に熱中している子どもの姿からは、あまり元気はもらえそうもないなあ……とランドセルの後姿を眺めながらこんなことを思ったのです。


（2011年4月1日）

1957年11月、東京六大学野球のリーグ新記録となる8号本塁打を放ち、ホームに向う。この年、立教大は初の春秋連覇を達成。

災害に向き合う日本の心は

人一倍のセッカチです。
待ち合わせではたいてい約束時間の10分から20分前には
決められた場所の周辺で待機します。
監督時代は選手たちも私のセッカチぶりを察知して、
練習集合時間を午前10時と決めても、
30分前には全員が顔を揃えている。
こちらも気になって、ちょっと出が早くなる。
すると選手たちも早くなり……集合時間がどんどんせり上がる。
決めた時間の30分前が定刻の「巨人時間」ができあがりました。

私はセッカチですが、物事を放り出すことはありません。投げ出さずに一歩ずつコツコツ物事を続けるのは、習い性になっています。毎日少しでも物事を積み上げ、最後まであきらめない。こんな性格は両親から受け継いだのかとも思うのですが、特別な性格ではありませんね。日本人の誰もが持っている「勤勉さ」というもので、その典型が両親だったのです。

粘り強さ、勤勉さこそベストの生き方 コツコツ物事を続けるのが習い性に

家は農家でしたが、土地は貸し出し、父は町役場の収入役や助役をしていました。在所の世話役ですから短気では務まりません。母は意志が強いしっかり者でした。毎日を誠実に勤勉に過ごす。そんな両親の生き方が私のセッカチでも粘り強い性格を育てたのでしょう。そしてそんな性格は、野球を続けることでさらに強くなりました。子どもの草野球から高校、大学と進むにつれ野球に費やす時間はどんどん

長くなります。プロになったら一日24時間が野球、そして結果（チーム成績、個人成績）が出るまでの期間も長くなって、プロでは7カ月もかかります。

この間、選手は今日より明日、さらに次の日と少しでも技術を高めようと、野球に取り組み続けます。進歩は薄い紙を重ねていくようなもので、本人にも「手ごたえがあった」と感じることなど数えるほど。投げ出してしまうか、気持ちが折れてしまうか、あるいは泥臭く続けられるかが、勝負の分かれ目です。「たゆまぬ勤勉、努力」、平凡だからこそ難しい。これは野球に限らずすべての仕事、生き方に共通するでしょう。

手本は二宮金次郎、好きな歴史上の人物です　ダサい、流行らないヒーローでもその地位は揺るがない

私の好きな歴史上の人物をあげます。華々しい英雄、豪傑ではありませんよ。地味な人物です。意外に思われるかもしれませんが、尊徳・二宮金次郎です。

ある年齢以上（40歳より上の世代？）の皆さんには小学校の庭に立っていた薪を

背負って本を読む少年像でお馴染みのはず。像の台座には「至誠報徳」とか「刻苦精勤」などと彫られて一生懸命勉強し、働きなさい。「手本は二宮金次郎」との教えですね。名前は知っていても、事績はどうも……と言う人も多いでしょう。ざっとキャリアをお伝えします。

江戸時代後期、小田原の貧しい農家から身を起こし、幕府や大名に頼まれて農業経営、土木治水、大名家の財政改革を手掛け、ついには幕府の地方行政官になった。といっても出世主義とは無縁です。災害や農民の離散で荒廃した関東一円の農村の立て直しを現地に乗り込み5年、6年、中には10年近くもかけて粘り強く復興、救済事業を続けて成功させる。

こういうことは小学校の少年像から興味を持ち、関心を持ち続けて知ったことです。その公益に尽くした生き方に感嘆し好きになりました。

何事もスピーディに簡便に、すぐに結果が求められる昨今では、偉いけれどダサいと言われそうで、流行らないヒーローでしょうが、代表的日本人の地位は揺るがない。実は我が家の庭には二宮金次郎の石像があります。

東日本大震災の大津波、原発事故に加えて、秋には台風の豪雨による災害が起こりました。大災害の連続。それでも私たちの間に「長い時間がかかるだろうが、必ず復興する」とのコンセンサスがあるのは、日本人のDNA「勤勉さ、辛抱強さ」を信じるからです。豪雨被害のニュースを新聞で読み、テレビで見て、溜息交じりで庭に目をやると金次郎が目に入る。その姿に奮い立つのです。

（2011年10月3日）

長嶋家の庭に設置された二宮金次郎の石像。2015 年撮影。

富士山のような日本一の男になれ

お正月といえば年賀状、
定番のデザインは干支ですが、
これは年ごとに替わります。
年が替わっても動じない不変の図柄が
富士山でしょう。
日本一の富士の山への我が思いをお話しします。

私は、富士山が大好きです。

日本の主役は富士山。昔から今にいたるまで、和歌や俳句に詠まれ、詩が作られ、小説に書かれ、唱歌で歌われ、絵画、工芸の素材とされ、切手、お札になり（一代前の5千円札の裏が逆さ富士の図柄でした）、さらに酒や食品の名に……と、それこそ日本のありとあらゆるものにあの秀麗なお山が登場する。外国でも「フジヤマ」は「ジャパン」の紋章扱い。〝日本の主役〟なればこそ、です。

立教大学1年生の6月でした。「シゲオ　カエレ　チチキトク」の電報を受けて、野球部合宿から佐倉の実家に駆け付けました。父の最後の言葉が「野球をやるからには六大学一の選手になれ。プロに行っても富士山のような日本一の男になれ」でした。「富士山のような」に込められた深い意味は、日本人ならあれこれ説明抜きで、すっと心に入ってくるはずです。

故郷の佐倉からは富士山は見えません。それでも幼児のころから富士山の姿は知っていたような気がしています。たいていの日本人がそうですね。

初めて富士山を眺めたのがいつかは憶えていませんが、私が大学生のころの東京は高いビルも少なく、特に空が冴え返る冬には富士山が思いがけない場所からも遠望出来ました。そのたびに、父の言葉を思い出し、気が引き締まると同時に、元気をもらったものです。

富士山から受け取る勇気と励まし

選手時代のオフは、富士山を眺めて過ごしました。山籠りの鍛錬の場に選んだのが箱根・仙石原と伊豆の大仁だったからです。それぞれ5年間、17年の選手生活のうち計10年間を富士山に見守られていました。時にホテル、時に山荘、時に旅館と変わっても、どこでも富士山が窓いっぱいに広がる部屋が決まりです。

がむしゃらにバットを振り抜き、山道を走り、鍛えに鍛え抜く冬の日々、朝日を浴びる富士山から一日をスタートする気力をもらい、苦しいトレーニングに息を切らせ、くじけかけた時は、どっしり構えた雄大な山容から勇気と励ましを受け取り、疲れた体を湯船に沈める夕は夕陽に染まる赤富士を眺めることで疲労が消えて、身も心も癒されたものです。

富士山を眺めて、心がしおれてしまう人は、まずいないでしょう。誰もが元気をもらうのが自然ですけれど、私にはその思いが人一倍です。富士山に向かい合うたびに、腹の底から大声で叫びたくなってくるほどです。逆さ扇のやさしい姿でありながら、いつ噴火するかわからない火山の底知れぬ力強さを秘めているのもたまりません。我がパワースポットなんですね。

日本の宝から世界の宝へ

いつも富士山に接していたい気持ちが高じて、富士山の油絵を描いたことがあります。

燃えるような富士山を中心に色彩の乱舞の絵で知っていた絹谷幸二先生に「ひとつ描いてみませんか」と誘われて、初めてキャンバスに向かいました。

富士山、太陽、裾野のゴルフ場と構図を決めて力いっぱい描きました。絹谷先生の指導と監修を得て我が作品、『新世紀生命（いのち）富士』が完成したのですが、富士山がテーマでなかったら筆は取らなかったでしょう。

富士山画といえば、葛飾北斎から横山大観を代表に、さらにはぐっと大衆的に日本中の銭湯のペンキ絵は年賀状の図柄並みに定番ですね。我が作品も連綿と続く伝統の富士山画に連なりました。気宇壮大になります。

富士山を世界遺産に登録しようという活動が続けられています。大賛成です。日本の宝から世界の宝に、いいですね。そうなれば、さらに元気がもらえそうな気がします。

（2012年1月4日）

洋画家の絹谷幸二氏から、絵画の手ほどきを受ける。2001 年ごろ撮影。

真のプロフェッショナルを目指して欲しい

プロ野球選手は年俸制で、全球団同じ様式の『統一契約書』に「球団は選手にたいし、選手の2月1日から11月30日までの間の稼働にたいする参稼報酬として金○○円（ここに金額が記入される）を支払う」と定められています。

「稼働」とか「参稼報酬」とか、聞きなれない用語が使われていますが、「2月から11月までのシーズン期間のまとめた年俸額はこれだけですよ」という規定です。12月と1月はシーズン・オフですから給料は出ませんが、選手はこの10カ月分の年俸を球団に12等分してもらい、月給として受け取ります。

妙な話になりましたが、野球選手の給料に興味を持つファンもいるだろう、と思ったのと、沢山の社会人が誕生する4月は、月末には初月給を貰うんだなあ……などと考えるうちに、自分の初月給を思い出したからです。1958年（昭和33年）、月給は16万5000円でした。調べてもらうと当時の大卒の平均月給が1万3500円ほどでしたから、高給といえるでしょう。しかし、私は別に高給とは思いませんでした。「月給以上の働きをして見せる。オレには出来る」と信じていました。何しろ大学4年の時、自分の契約金は最低2千5、6百万円だと見積もっていた男です。巨人の契約金1千8百万円に「安いなあ。オレはその程度の評価なのか」とガックリしたうぬぼれ屋の生意気男。お金に執着していたわけではないけれど、この程度の月給ではマネー・プレッシャーなど感じるはずもなかったのです。

夢中になれる部分を見つけるのがスキルアップのコツ

さて、ここでお金の話はひとまず脇に置いて、職業人としての心構えとなるとプロ野球選手も一般社会人もそう違いはあるまい、と思い付きました。

まず、自分の仕事が好きになること。これに関しては、私は子どものころからプロ選手を目標にやってきたこともあり、幸運でした。他には考えられないほど好きな野球を職業に出来たからです。

新生社会人で自分の趣味、嗜好、得意なことと100％重なった職業を選べた人は少ないと思います。まして就職難のご時世ですから、自分の希望に沿わない仕事に就いた人も多いでしょう。それでも仕事は一日の時間の大半を使うものです。仕事の中に自分が集中して夢中になってやれる部分、今流に言うと、「やりがい」や「楽しく」できる部分を発見することが大切と思います。

私の場合は好きな仕事でしたから働くのが待ち遠しくて球場に早く出勤しまし

た。仕事の試合が終わった帰宅後も野球の事を考えたり練習したり、これは残業や今の在宅勤務になぞらえられるでしょう。

こうしてやっていくうちに自分に手ごたえのある何かが見つかる、それを手がかり足がかりに仕事のスキルアップが可能になり、また、仕事への愛着も増してくるにちがいありません。

次に得意技を磨くことです。バントが巧みで生き延びた選手、左投手を打つのがうまい打者、フォークボールだけで名を上げた投手、どこでも守れる野手……総合的にみると平均以下の選手でも一芸に秀でることで、平均的選手を超えられます。どうです、そう見当外れにはなっていないでしょう。

「プロですから」という言葉が好き

「プロですから」という言葉が好きです。何か難しいことを片付けたあと、さらっと「プロですから」。いいですね。職業人の謙虚さとプライドが感じられる。誰だったか名前を忘れましたがある作家が「プロですから」というフレーズを一般的に使われるようにしたのはプロ野球の功績、と書いていたのを読んだことがあります。さすがに作家は言葉のプロ、卓見でした。

新社会人は、たずさわる仕事が何であれ、真のプロフェッショナルを目指して欲しい、と思っての雑談でした。

そうそう、社会人になった感謝の意を表して初月給で両親に何かお礼をするのは通過儀礼のようなものでしたね。私もお袋に着物を買ってやり一緒に箱根の強羅温泉に行きました。4月のシーズン開幕後はそんな時間がありませんから、確か初月給前に前倒しでやった。そんなことも思い出しました。

（2012年4月2日）

1957年12月7日巨人軍入団。ユニホーム姿で記者会見に臨む。左は品川主計・球団社長。

国民栄誉賞受賞の喜びと感謝、そして松井のこと

私事になりますが、国民栄誉賞の受賞はうれしかった。
国からお誉めいただいたのは
「文化功労者」（２００５年）がありますが、
こちらは背筋を正して「謹んでお受けいたします」。
国民栄誉賞は「ありがとうございます。うれしいなあ」です。
たちまち部屋は送られてきた花でいっぱいになって
花屋の店先のよう、ちょうど玄関先のサクラも満開で
我が周囲はいっきょに華やぎました。

うれしさがさらにふくらんだのが松井（本当は松井秀喜さんと言うべきですが、ここは普段着で、松井で行きます）とセット、ではなかった、一緒に受賞できたこと。それから、授賞式が首相官邸ではなく、松井の引退式と重ねて東京ドームのファンの前でやってもらえたことです。

ファンを喜ばせるプレーを信条に、また、ファンに支えられてきた野球人としては、球場が舞台になったのは最高です、そこに立つだけでファンへのお礼になりますから。

二人同時受賞も〝職場〟での授賞式も過去になかったはず。こんなユニークさも私の好むところです。

松井は私の野球に対する考え方の継承者

松井受賞でまず思ったのは、「ヤンキースでも良くやったからな」ということです。大リーグで最も質の高いプレーを要求され、最も厳しい眼を光らせるメディアとファンに囲まれたチームで、チームの勝利第一の姿勢と誠実なプレー態度を貫きました。

ワールドシリーズのMVPが金字塔ですが、今後この賞を獲得する日本人選手は出現しないのではないでしょうか。巨人での働きと合わせて、受賞は文句なしだと感じています。

ただし、うれしさの中身にはそういった成績とは別の感慨もありました。私は松井を私の野球に対する考え方の継承者と思っていたからです。

たとえば、大リーグ行きを決めてそれを私に伝えに来たときの顔つきです。話さないうちから「行きます」「行かせてください」との複雑な思いがなんとも言えない表情に出ていました。このときの顔は、記者会見での「日本のファンからは裏切り者と言われるかもしれませんが……」に続きました。

フリーエージェント（ＦＡ）ですから、大リーグ行きは誰にも遠慮はいらないのです。それなのに、本当にすまないと思っているのです。またそれはヤンキースで左手首を骨折したときに「迷惑をかけて申し訳ない」と謝罪して地元メディアを驚かせ、ファンを感動させたときの顔にもつながります。

根っからの謙虚さもあるでしょうが、野球人として、ファンを最上位に置いているのがわかります。「ファンに喜んでもらえるプレー」一筋の私の信条と重なるのです。ですから一緒の受賞がたまりません。

松井は折にふれて「監督（私のことです）が好きなジョー・ディマジオは〝私はこの試合だけしか観に来られないファンを思ってプレーしている〟と自分の全力プレーの意味を語ったと言いますが……」とPRしてくれます。松井自身の気持ちも込められているのを感じますね。

ファンの皆さんと一緒に賞をいただいた気持ち

松井の受賞談話で、最高の思い出は私と1対1の素振り、とも言ってくれました。

松井はさらに、自身の著書で、ある選手が私にバッティングの相談の電話をしたら、

「電話の前でバットを振って、音を聞かせろ」と言われた、と書いているそうです。読んだ人が、「本当ですか?」と言う。わかっていませんね。

松井の素振りに付き合う私は、時に目をつぶってスイングの音だけを聞いていました。自分の選手時代の素振りでも、部屋を暗くしてスイング音だけに集中してバットを振り続けたこともあります。受話器のマイクがスイング音を拾えれば、その音で振りの良し悪しの判断は可能なのです。それは松井も承知しているはず。

と、まあ、この種の話には気合が入ってしまいます。ファンの皆さんと一緒に賞をいただく気持ちで、松井と並んでグラウンドに立とうと心の準備をしています。

(2013年5月1日)

2013年5月5日、松井秀喜氏とともに国民栄誉賞を受賞。安倍首相から金のバットが贈られた。

よみがえった
キューバにまつわる私の記憶

キューバとアメリカが
２０１５年７月に国交を回復しました。
実に54年ぶりだと言います。
そのニュースを伝えるテレビに
首都ハバナの街が映りました。
「変わっていないなあ」と私は思いました。

というのも、ニュース映像の中で走っているのは、横幅が広く、平べったい感じのアメリカの大型車です。アメリカと国交を断絶、経済封鎖されたのが1961年ということですから、それ以後は輸入ができず新車はないのです。

1981年、私はキューバ・スポーツ省の招待でハバナに出かけました。「年季の入ったアメ車ばかりだ」と、国際関係の難しさを思いながら利用した車がさらに30年近い年齢を重ねクラシック・カーとなってテレビに映っていたのです。街の風景も当時の〝タイムカプセル〟からよみがえったようで、「変わっていないなあ」となったのです。

国内リーグと史上最高の内野陣と大リーグ目を見張らされ続けたキューバ野球

思えば、この招待で観た野球はキューバ野球の黄金時代の入り口でした。

長い手足、体中にばねが仕込まれたような動き……選手の身体能力の高さに目を見張らされました。

フィデル・カストロ首相（と当時は言っていたように記憶しますが、正確には国家評議会議長）が大学時代は投手で鳴らし、そのカーブに大リーグの数球団のスカウトが目をつけていた、という話を聞かされました。

しかし、カストロ議長は野球より法律の勉強を選び弁護士になり、さらに革命家となった。もし大リーグ球団のどこかがカストロ投手と契約していたらキューバ革命は起こらなかった……という歴史の「もしも伝説」もありました。野球好きのカストロ議長は、国民をひとつにまとめるために「セリエ・ナシオナル・ベイスボル」（スペイン語です）という国内リーグを創ります。私の訪問はリーグ誕生後3、4年で、観客の熱狂も大変でした。

それから10年ほど経って、私はバルセロナ・オリンピックで金メダルを獲得したキューバ野球の圧倒的な強さに目を見張りました。一塁・キンデラン、二塁・パチェーコ、三塁・リナレス、遊撃・メサの内野陣はキューバ野球史上最高のメンバーで、実力は大リーグのトップクラス・チームに並んでいたと思います。

鎖国状態になったキューバは、野球の国際試合にリーグからメンバーを選んだ代表チームを送り込み、勝ち続けて国の誇りを維持していたのでしょう。

国技ですから今でも選手の人材は豊かです。

今季、大リーグでプレーしているキューバ選手は開幕ロースターで30人。いずれも亡命選手ですけれど、国交が回復したこれからは、大リーグはキューバ選手獲得のための〝インターナショナル・ドラフト〟を検討しているそうです。豊かな球団が数十億円もの大金で亡命選手を買っている現状から、すべての球団がキューバ選手獲得の機会を均等に持てるようにしよう、というのです。実施は2017年からといいます。

ヘミングウェイの別荘と大カジキ、ジョー・ディマジオ

キューバの思い出といえばもう一つ、ヘミングウェイの別荘を訪れたことも忘れ

られません。ノーベル文学賞を受賞した文豪はその生涯の後半22年をキューバで過ごし、別荘で『老人と海』をはじめとする多くの作品を書いたのです。別荘はヘミングウェイの死後、未亡人からキューバに寄贈されヘミングウェイ博物館として大切に保存されていました。

ヘミングウェイがキューバを気に入ったのは大カジキ釣りが好きだったから、と言います。『老人と海』の主人公の老人のモデルは日系の老漁師という日本人には嬉しくなる〝伝説〟も、このとき教えられました。かかった大カジキに小舟を引っ張られ外洋に出た老人は、ヤンキースのジョー・ディマジオの故障を押してプレーする姿を思い起こし、自分を奮い立たせるのです。仕留めた大カジキを食べにくるサメの群れと何日間も戦う筋立てが、野球人ディマジオをお手本にしてきた私にはたまりません。

別荘はヘミングウェイが住んでいたときそのままです。机の上には本やノート、メガネが置かれ今にも大作家が出てきそうでした。そうそう、未亡人はノーベル賞の金メダルもキューバの教会に寄贈し、礼拝者に見られるよう展示されているそうです。

海外ニュースのハバナの場面は、私にこんなキューバにまつわる記憶をよみがえらせてくれました。

キューバの産業といえば砂糖とタバコですが、今後の経済立て直しの成長産業は美しい海と自然、ユネスコ文化遺産に指定されたハバナ旧市街などを生かした観光業とニュースは伝えていました。プラス、野球やキューバ音楽もありますね。

キューバの球場に、日本球団の関係者がスカウトに出かける日も、遠くないようです。

（2015年9月1日）

第二章

四季折々に野球に触れて

野球カレンダー

新しい年のカレンダーを前にすると気持ちが改まります。
そして、どんな年になるのか、
どんな年にしたいか、との期待と希望が湧いてきます。
ただ、野球人には一般の人たちと違った
〝特権〟があるように思います。
新年を迎えるごとに若返り、生まれ変われるからです。
もちろん、歳はとりますが、
「野球少年」の気持ちがよみがえります。

ユニホームを着てキャンプでチームメートと顔を合わせた時、40歳のベテランも18歳のルーキーも等しく同じスタートラインに立ちます。気持ちは皆が野球少年、プレーする喜びは草野球の子ども時代と変わりません。若々しい気持ちに満ちていなければプレーは続けられません。

年が改まるごとに若者に戻れる

「野球カレンダー」の1年は、春先の野球少年が炎天下の夏に青年に育ち、壮年となった秋の収穫期に仕事を成就して完了します。成就といっても栄光を手にするのは1チームだけですから、ほとんどの選手が挫折を味わって終わる厳しいものですけれど、こうして1年周期で回り続けています。

年が改まれば、勝者も敗者も、再びキャンプの野球少年に戻って、秋の壮年での優勝を目指すのです。「野球人は年が改まるごとに若者に戻れる特権がある」とは、そういうことです。

では新しい「野球カレンダー」の中で選手が目指すべきものは……もちろん優勝ですけれど、その達成にはファンと一体になり共に時間を忘れるような試合をどれだけ作れるか、にかかっているでしょう。

こんなことを考えたのは、私が現役を引退した約40年前の最後の試合に関する取材を受けたからです。1年がかりで本にするのだと言うのです。

1974年10月14日の後楽園球場です。あの時ほどファンと一体になれた試合はなかった気がしていますから、多少熱くなって覚えていることを語り尽くしました。

取材が終わってからの雑談で、「ところでスコア覚えていますか？」との質問です。絶句しました。「巨人は勝ったが……」と口ごもると、あの試合を取材していたというOB記者が「そうなんです。観ていた人も長嶋さんの表情、動きはこと細かく覚えているのに、10対0のスコアを覚えている人がほとんどいないんです」と言うのです。

ファンも私同様スコアを覚えていなかった……まさしく気持ちは一つになってい

たということです。

　ホテルでの思い出取材の席にいた記者、カメラマンなど7人だったでしょうか、「あんな試合はそうありません」と一同うなずきました。それはそうですね。バットがメインでしたが、守備でも、走塁でもファンと共に時間を忘れた試合を数多く作った私ですが、引退試合はまだ1回だけですからね。

時間を忘れるような試合の醍醐味

　そんな特別な試合は別にして、2013年の楽天・田中（将大）の24連勝中の試合では、マウンドの田中もスタンドのファンも時間を忘れ続けていたはずです。余談になりますが、田中の大リーグ移籍先が決まっていなかったころ「連勝が終わるまで日本で投げる、終わったら大リーグへ行くのはどうだろう」とOB記者が言いましたが、わかりますね、その気持ちは。

　プレー中の選手がふと気がつくと思いもよらない長い時間がたっていた。ファンが夢中になって観戦していたら、もう夜も遅くなっていた……。

大リーグの球場で7回裏が始まるときに歌われる『私を野球に連れてって』の一節、「家に帰れなくても構わない。ホームチームの応援だ」となる状況です。アメリカでも野球の理想はこういう時間を作りだし、ファンと共にあることなのが、この野球の歌で知ることができます。

同じ2013年、大リーグ、プレーオフのタイガース対レッドソックス第1戦は9回、1対0でタイガースが勝ちましたが、息詰まる投手戦で試合時間は3時間56分。「これはサッカーのスコア。サッカーなら90分で終わる。野球はなぜ4時間もかかるのだ」と、かみつく評論記者に野球記者が両軍選手の感想を伝えたそうです。「今夜の4時間はあっという間の4時間だったぜ」と。ファンも短い4時間と感じたはずです。

私もまた、2月になると巨人の宮崎キャンプのグラウンドに立って「野球少年」に戻ります。今年の「野球カレンダー」にはどれだけ時間を忘れさせる時間が刻まれるのか。そんな期待が湧いて、待ち遠しくなっています。

（2014年1月6日）

現役選手引退のセレモニーで、ファンへ挨拶。バックスクリーンに「ミスターG　栄光の背番号3」の文字。

野球選手が少年に戻るキャンプ・イン

プロ野球のキャンプが始まりました。
2月1日からユニホーム着用が解禁になり、
チームとして動き出すスタートです。
大リーグにこんな言葉が伝えられています。
「18歳のルーキーも40歳を過ぎたベテランも、
ユニホームを着るものすべてが
少年に生まれ変わるのがキャンプ・インの日だ」と。

2月のキャンプの少年は長いレギュラー・シーズンを戦い抜き秋10月の大人へと成長する、それを毎年繰り返すのが野球人……うまいことを言うものです。

半世紀以上も前の、自分の初キャンプを思い出すのも2月の習慣です。卒業試験のためチームより1週間ほど遅れて一人夜行列車でキャンプ地の明石（兵庫県）に向かいました。眠れぬ車中でイメージしていた「プロの厳しい練習」は拍子抜けでした。午後2時ごろには終わってしまう。大学時代に朝から晩どころか夜まで猛練習を続けてきた身には、物足らないのです。

水原茂（当時は円裕）監督に「こんな軽い練習でいいんですか」と聞きました。監督は激怒しましたね。

「新人が生意気なことを言うな！」

プロの選手生活で監督に怒鳴られた最初で最後の経験でした。

豪傑、野武士、壮士、名職人などの一匹オオカミの時代ですからあの練習でよかったのでしょう。いまのキャンプは分単位で夜までびっしりスケジュールが組まれています。とても「軽い」などとは言えません。

チーム内でも「勝負は勝つ」気概を持って

しかし、こんな気概は持って欲しいと思います。打撃練習でルーキー長嶋が一番先に打席に入りました。

「新人は後だ」

「はい、すみません」

翌日も一番乗り。

「新人は後だ」

何日目かには何も言われなくなりました。私も長幼の礼儀は心得ています。けれどもそれはユニホームを脱いだ時の話で、ユニホームを着た時は年齢、球歴は関係なし、実力勝負、力と力、技と技の戦い、と割り切っていました。

打撃練習で後ろに回っては、打撃投手が少ない当時は投手が疲れていて数球しか打てないのです。打撃練習トップ争いは「勝負は勝つ」の気持ちが表れたのです。そんな気持ちの強さと実践を言いたいのです。

野球に限ったことではありませんが、スポーツの世界ではそれぞれの競技に携わるものが等しく目標にする強豪チーム、選手がいなければ発展しないと思います。強すぎて他球団のファンから嫌われるチーム、相手球団すべてが親の敵とばかりに闘志を燃やしてぶつかってくるチーム……。それが巨人でなくてはなりません。私は、今季の巨人は好スタートを切れば独走、とみています。

DeNA中畑監督が持つリーダーシップ

その一方で、気になるのは中畑清監督の横浜DeNAです。

中畑監督は楽しい言動でチームを熱くPRしていました。ビッグ・マウス（大口叩き）のひょうきんな人物と取られがちですが、そうではありません。細かい気配りができ、チームをまとめるリーダー資質を持つ人物です。

厳しい一面は私の代行をやってくれたアテネ五輪の時、故障発生でプレーが難しくなった（必死の治療でプレーできましたが）、故・木村拓也選手に「戦力になれない選手は置いておけない」と帰国を命じたエピソードがある、と言えばわかっていただけるでしょう。

「監督は、チームと選手の良きセールスマンであるべき」とある大リーグの名監督に教わりましたが、中畑監督はその役目を見事に果たしています。

中旬には私も少年に戻って泊りがけの宮崎キャンプに向かいます。

（2012年2月1日）

1958年2月、明石キャンプ入りし、荷ほどきをする。旅館の周りにはファンが押し寄せた。

5月病の克服には全力でジタバタやる

若い人たちが親がかりの生活から自立する第一歩を踏み出して1カ月。

初体験の仕事のプレッシャーからのストレスに耐えられず「立ちすくみ状態」になるのが5月病ですね。

しかし、仕事で壁やハードルにぶつかるのは誰もが経験すること、「病気」とは大げさでしょう。

今季（2012年）スタートの巨人は「5月病」どころか、「4月病」でした。シーズンのスタートでつまずき、地下鉄運行です。私も歳を重ねて忍耐強くなりました。勝率5割になって地上に出てくるまで批評停止にしよう、と自制していますけれども、気になっていたことが解消されてもいました。ファンとメディアからの大きなプレッシャーを背負って巨人に加わった移籍選手二人、ソフトバンクから来た投の杉内（俊哉）、横浜（現DeNA）から来た打の村田（修一）です。

巨人はそのユニホームの重さから入団する選手に他のチーム以上のプレッシャーがかかりますが、さらに厄介なのはチーム内の「プロの目による評価」というストレスの種です。この「お手並み拝見」のハードルの高さ、壁の厚さは、ファンや野球記者が設定しているものよりずっと大きいのです。名門会社、老舗会社の社員が同業他社の社員とは違った目で見られる、社内の評価基準もそれに従って厳しくなるのと同じ、と言ったらいいでしょうか。

野球技術は評判通りか、過去の実績に上積みできるか、報じられた年俸、契約金に値するか、プレー態度、協調性、人柄は、果てはユニホームの着こなしは……と、一緒にプレーする仲間であるからこその物差しで測られるのです。

ベテラン2選手の新環境への挑戦と適応は

二人ともさすがでした。

杉内はマウンド上で試合を支配する気迫が常にみなぎっています。「支配」なんて座りの悪い言葉を使いましたが、英語のコマンダー（司令官）です。大リーグの野球言葉でいう試合の「コマンド＝統率力、支配力」ですね。「ダルビッシュは5点取られ試合をコマンドできなかったが、勝利は得た」とメジャー初勝利で書かれたそうですが、杉内は勝敗に関係なく、これが出来ていました。

援護なしであろうが、ピンチの場面であろうが、闘志むき出しの攻めのピッチングが全くブレない。小柄なのに（選手名鑑では175センチ、球界では過大申告が普通ですから、本当はもっと小柄かもしれません）マウンドでは大男の風格です。「背番号18」に「この番号を汚しません」と切った啖呵はダテではありませんでした。

村田に期待するのは長打力でしょう。ところがプレーを観て「おや」と思いました。三塁守備です。打球に対する構え、踏みだし、ステップ、捕球からスローイングへの一連の動きが実にスムーズ、うまいのです。横浜時代にくらべて明らかに進歩しています。バットが売りの選手なのにそのグラブさばきが自然に私の目を引き付け、守備の進歩に気付かされたのです。

想像ですが、二人は共にチーム内外から受けるプレッシャー以上の課題を自分に課していたのではなかろうか。杉内は巨人投手陣で伝統的に重きをなす背番号への責任感、村田は気にもされない守備の向上と。自分で課題を持ってやっているのですから、新しい環境に「立ちすくむ」時間なんてないでしょう。そんな前向きの姿勢は観ていて分かるものです。

壁にぶつかったときの唯一の脱出方法は

「5月病」症状に悩む人は、「それは強い、成功した人だから」と言うかもしれません。そうでしょうか。開幕から2試合、8打数ノーヒット、飛んだ打球は内野に2本、ファウルが1本だけ、5三振を同じ投手から奪われた散々デビューの新人がいました。それでもファンからも先輩選手たちからも「プロ野球にウエルカム」と認めてもらえたのが私です。

1958年（昭和33年）の開幕戦と次の試合で金田（正一）さんにやられたすべて空振りの5三振が、腰を引いたケチな空振りだったら、様子はだいぶ変わっていたかな、と今でも思うことはあります。全力を尽くした空振りは、なまじヒットを打つより訴えるものがあって、認められたと思うのです。

壁にぶつかったとき、簡単な脱出法なんてあるはずがない。ジタバタあれこれ全力を尽くしてやる。それが「5月病」の唯一の治療法です。

（2012年5月1日）

印象に残る豪快な空振り。ヘルメットはわざと大きめのものをかぶっていた。
写真は1974年8月撮影。

高校野球に詰まっている日本人の好きな〝あれこれ〟

夏は甲子園、高校野球です。
ひょいとテレビをつけると試合が映る。
すると対戦している高校が分からなくても、
そのまま観続けてしまいます。
高校野球には私たち日本人が好きな
あれこれがぎっしり詰まっている気がします。

私は甲子園には後一歩、ではなかった、後二歩で届きませんでした。最近、知人との雑談の折に1枚のコピーを見せられました。1953年(昭和28年)8月1日、南関東大会の準々決勝で我が佐倉一高が熊谷高に1対4で敗れた大宮球場での試合のスコアカードです。

チームメートのH君がベンチ内で記録したもので、私のホームランのところには「350Feet(約107メートル)in Back Screen」と英語の注記をしてくれていました。備考欄にいかにも高校生が現場で書いた乱れた筆跡で「～武運つたなく甲子園への夢は消えた。～最後の試合として悔いなきであった」とあるのには、「うーん」でしたね。まことに感慨ぶかい。

ただし、雑談は妙な方向に流れました。「本塁打は1ストライク、1ボールからの3球目を打ったと記録されている。けれども新聞連載の『私の履歴書』や、その他の多くの本の思い出話では1ストライク後の2球目になっていますよ。スコアカードが正確だと思いますが」と、OB野球記者は笑うのです。

それは「真実」が「伝説」に変化し、さらに「事実」になっていった60年の野球史……まあ、ボールカウントなど、どうでもいいではないですか。

高校野球は日本人の気性にピッタリ

さてと、高校野球に詰まっている日本人が好きな〝あれこれ〟についてでした。

まず、舞台が炎天下の甲子園というのがいいですね。春の選抜大会もあるけれど、灼熱の太陽のもとの方が劇的です。地方予選を勝ち抜く大変さを国民全体が承知しているから、この舞台に登場したチームを目にするだけでわくわくする。初出場チームにとりわけ拍手が大きいのも、晴れ舞台を楽しんで行け、との観客の思い入れからでしょう。その舞台で展開するプレーには、忍耐、頑張り、純情、絆、規律があふれていて、負ければ後がない一発勝負、そして汗と涙ときては、もうこたえられません。野球技術の巧拙はあまり問題になりませんね。

最近は、金属バットの使用でホームランが多くなりました。しかし、高校野球は野球の原型である、勝ち進むにはパワーより確実なプレーを、が主流です。チーム・スピリットによる自己犠牲のバントがいかに重要視されているかで、それは分かるでしょう。そんな考え方が、真面目に皆で助け合って忍耐強く働く日本人の気性にピッタリなのだ、と思うのです。

甲子園に隠されたグラウンドキーパーの名人芸

また、舞台をととのえる隠された名人芸も見逃せません。グラウンドキーパーの技術。調べてもらうと、私は巨人に入団してから甲子園で選手として公式戦を218試合プレーしたそうです。加えて二期の監督生活がありますけれど、選手時代だったか監督になってからか、老グラウンドキーパーから聞いた話が忘れられません。「イレギュラー・バウンドのヒットが出るのはわしらの恥や」と言うのです。

それほどグラウンド状態に気を使っている。それから、芝の手入れの見事さもさることながら、テレビ観戦でもお分かりのように普通の土より黒いグラウンドの土もそうです。選手が白球を見やすいようにと、甲子園浜だけでなく、岡山、三重、鹿児島など、いろいろなところから集めた土の特別ブレンドなのだ、と教えられました。

こういう気付かれないところに凝る完璧主義も日本的感性でしょう。

もうひとつ、誰だったか忘れてしまいましたが、ある作家の甲子園観戦記に「甲子園には故郷の風の匂いがする」という一節がありました。なるほど、郷土愛を呼び覚ましてくれるんですね。私たちが甲子園の高校野球にひかれるのは、こうした心を刺激する沢山の〝あれこれ〟からなのだ、とするのが私の説なのです。

夏の甲子園は、しばし暑さを忘れさせてくれます。

（2012年8月1日）

数々の名勝負が繰り広げられた巨人・阪神戦。阪神のエース・村山実に三振を喫する。1962年撮影。

四季の移ろいと日本人の感性

朝に夕に、秋の気配が濃くなってきます。
暦の上では立秋からは秋。
しかし、どうも近年、
暦の上の季節と実際の季節のずれが
大きくなった気がします。

日本は春・夏・秋・冬の四季に恵まれた、世界でも珍しい国と言われます。私はそうだろう、とうなずいています。手紙の書き出しは時候のあいさつが定番だし、食べ物には「旬」があるし、世界で一番短い詩、俳句には季語を入れる定めがある。こんなことを思いつくだけでも、四季が私たちを包んで生活を豊かにしてくれているのを、自分なりに納得するのです。

仕事と季節が寄り添った生活を重ねつくり上げた〝我が野球暦〟

私のカレンダーは、野球暦で長い間こんなふうにめくられてきました。

冬枯れの多摩川グラウンドで始動し、宮崎のキャンプに移動する。空は冴えた青空だが、それが柔らかな春の青さに変わるとオープン戦になり、桜前線の北上とともに東京に帰って満開の桜と開幕です。

若葉の5月、梅雨の6月に夏場を乗り切る体制を整えて、入道雲の湧く炎天の2

カ月間を戦い抜いた8月末には、秋の豊かな収穫（ペナントですね）を手にする確信をしっかりとつかんでいる。勝利を収め10月が終わると、また体の手入れを兼ねた自主トレが、ススキの穂が白くそよぐ山で始まり、冬を迎える……。

収穫が不作になる年もありましたが、このカレンダーから外れることがそう何度もあったわけではありません。みなさんも仕事と四季とが寄り添った生活を重ねて、自分暦をつくってきたはずです。そのことが季節の変化に敏感な日本人の感性を培ってきたのだと思います。

ところが近年はどうもおかしい。5月に気温30度、梅雨に降らず、7月前に台風接近で豪雨。そして8月の猛暑です。車に同乗していた球団のT君が「クーラーを入れてください。40度にもなっている」と汗まみれで悲鳴を上げたこともありました。

我が野球暦でおわかりのように、年中体を動かしている私はクーラーをほとんど使いません。節電ではありませんよ。体調維持のためです。大会役員をやっている

7月の北海道でのゴルフトーナメントでは、クラブハウスを出てグリーン周りを歩いて観戦しました。

いや、暑かった。日焼けしました。暑さの質が昔とは変わっているのを実感しました。そう言えば、熱中症やそれによる死亡事故など10年前は聞かなかった気がします。

かつての日本の四季は、たとえば夏の暑さにしても今よりずっと優しかった感じがします。だからこそ私たちは、残暑中でも夕方になると庭で鳴きはじめた虫のささやきに秋を感じ取ったのでしょう。そう言えば「秋の七草」は地味な野草ばかり、この選定など日本人の繊細さの表れではないでしょうか。

加速度をつけて進む地球温暖化は繊細な「和」の心をも変えてしまうのか

東京ドームからJRで一駅、本郷（御茶ノ水）には、日本サッカーミュージアムがあるそうです。ドームの試合開始前に、なでしこジャパンが獲得したワールドカップの優勝トロフィーを観にいった記者が言うのです。「集まった子どもたちに、〝なでしこは、どんな花か知っている？〟と聞いてみましたが、一人も知らなかったですね」

孫を連れてきたらしい老人が「昔はどこにでも咲いていたが、今は見当たらないから」と苦笑していたそうです。

オミナエシ、ハギ、キキョウ、ススキ……などとならぶ「秋の七草」のひとつが「ナデシコ」。地球温暖化で季節の変化は暑さに向かって〝ダイナミック〟になるばかり。可憐な野草が注目を集める時代ではなくなったのか、日本人の繊細な感性、守れるのだろうかとちょっと気になりました。

（2011年9月1日）

後楽園球場で行われたプロ野球初の天覧試合。巨人の４番長嶋茂雄が、村山実投手からサヨナラ本塁打を放つ。

残暑の月は……

イチローが日米通算4000本安打を達成しました。
大リーグの殿堂入り確実、と辛口のニューヨークの記者たちが
保証するイチローですから、
「おめでとう」もないのですが、唸るのはその自己管理です。
日本ではもちろん、大リーグでも故障なし。
13年間の大リーグで故障者リスト（2週間）に
入ったのが一度だけとは驚異です。
厳しい自己管理が生んだ大記録でした。

野球選手の9月は昔から厳しい1カ月と決まっています。ペナントレースの総決算の月、4月から半年間戦い続け、勝ち組と負け組とが峻別される月です。疲れた身体と心にむち打って、ラストスパートをかける厳しい日々の連続です。

雑談の席で「監督とそっくり同じことを言っているので驚きました」と、OB野球記者が言い出しました。雑談では私はいつも「監督」です。9月の選手の心構えを伝える名言を昔の大リーガーの本で見つけたそうです。私と同世代の三冠王の言葉だと言います。

「朝起きると野球のことを考える。そして終日野球のことを考え続け、寝ている間は野球の夢を見る。野球のことを考えない時間は必死にプレーしている試合の間だけだ」

なるほど、野球人の心構えは日米ともに同じだ、とうなずきました。ただし、私の場合これは9月に限ったことではなく、ユニホームを着ている間は常にこの心構えでと思い、実践して来たつもりですけれど。

秋のラストスパートのカギは「真夏の練習にあり」

ラストスパートの月を迎えた選手は身体も心も一段と研ぎ澄まされていなければなりません。これは私の持論、というより、巨人の伝統になっていると思いますが、秋のスパートのカギは「真夏の練習にあり」です。「練習」といっても、炎天下で身体をむやみに動かすわけではありません。ランニングです。下半身をしっかり鍛えておく、これがポイントです。下半身が弱ると投、打、守のプレーのすべてを狂わせてしまいます。走りこみの量は、各自の食事、睡眠、体調によって決まってきます。「真夏の練習」には、自分の心と身体をどう管理するか、選手としての生き方が問われているのです。

選手時代の夏場の習慣は今の私にも生きています。

まず食事です。今は和食、魚料理中心になっていますが、ときどき肉料理が入ります。暑さで消耗した体力にエネルギー補給です。若いころのビーフシチューがすき焼きになりました。間食は和菓子ですね。食生活は日本回帰。次に睡眠。寝る前に水をしっかり飲みます。選手時代は汗が冷やされて体調を崩すと拙い、とクーラーも扇風機も切って寝ていましたが、暑さと湿度の具合が昔と違います。地球温暖化にはかないません。クーラーの運転時間を調節して使います。最近は二度ほど目を覚ますようになりましたから、汗対策で着替えを二組、それと飲料水を置いておく。そして、選手時代の走りこみに当たるのがリハビリになるようです。

体調管理の具体的な目安は体重です。選手時代と同じ77キロ、この増減で食事やリハビリの量や睡眠時間に気を配るわけですけれど、多分これは一般の人たちの健康管理と同じでしょう。バランスのとれた食事、適度な運動、十分な睡眠……これが柱ですから。

プレーの環境も生活環境も時代の変化

昔の9月はリーグの半分程度のチームがペナント争いから脱落していて「消化試

合」がありました。今はプレーオフが待っている。リーグ優勝したチームにはゴールのテープを切った途端に目の前にハードルが置かれ、負けたチームに「追試験」のドアが開かれる。優勝チームの選手が日本シリーズに向けて「負けて元々」の負けチームよりプレッシャーを感じるのですから、好きになれません。複数の敗者にチャンスを与えるこの制度で「消化試合」は激減し、消えつつある言葉になりました。

言葉といえば「熱中症」、これが一般的になったのはこの10年くらいではないですか。昔は炎天下での「日射病」でしたが、今は室内でも用心する「熱中症」。プレーの環境も生活環境も、時代の変化というしかありませんね。「プレーオフにも熱中症にも負けぬ残暑かな」などと思う日々なのです。

（2013年9月2日）

2000 年 9 月 24 日巨人・中日戦。勝てばリーグ優勝の試合は、9 回 0 − 4 の劣勢から 2 者連続ホームランで劇的なサヨナラ勝ち。

ミスター・オクトーバーを求めて

プロ野球シーズン総決算の月が10月です。
半年間の長い戦いを勝ち抜いたチームの
最後のハードルとなるクライマックス・シリーズと
日本シリーズです。
レギュラー・シーズンとは一変した空気のもとで戦われます。
短期決戦ですから周囲のすべてが
ギュッと圧縮された状態になります。

ポストシーズンの試合では、ファンの思いは熱くなり、1勝の価値が高まり1敗の重さが増し、ペナントレースで疲れきっている選手たちは、肉体からも精神からも最後の力の一滴まで絞り出すことが要求されます。

こんな舞台で出現が望まれるのが「ミスター・オクトーバー」です。10月のポストシーズン試合にめっぽう勝負強い男、そんな選手に贈られる尊称が「ミスター・オクトーバー」ですが、この言葉を思い出したのは、ヤンキースの主将デレク・ジーター遊撃手の引退セレモニーの中継を観たからです。松井(秀喜)と並んでレジー・ジャクソンがいるではありませんか。

1977年、ヤンキースがドジャースを破ったワールドシリーズ第6戦で3打席いずれも初球を打って3ホーマーを放ち、「ミスター・オクトーバー」と呼ばれました。その後、この称号を得た選手はいません。

一度会ったことがあります。「ワールドシリーズで気に入らないのは、オレのプレーが見られないことだ」などと言います。とにかくエゴが強い。「オレを嫌うファンも、オレの打撃は無視できず、感嘆するばかりだ」とはちょっと口にできないセリフですが、私は内心大いに共感しました。エゴといってもわがまま勝手なのではありません。そう言って自分を鼓舞し常に自信を固めていたのですね。だからこそ注目の集まる大試合で打ちまくり殿堂入りしたのです。

どの選手も最初は持っている野球の初心とは?

そんなビッグ・マウスの目立ちたがりを日本選手に望むのはないものねだり、と言われそうです。でも選手たちは皆そんな強い自負を持った時があったはず、と私は思います。

野球に無我夢中だった子どものころです。頭の中で想像してやるプレーは、いつもスリリングなシーンが設定される。打者なら1打逆転の場面であり、投手ならきっとピンチの場面でしょう。そして打者なら「ヒットを打ち」投手なら「三振を奪う」。そんな〝プレー経験〟です。私など一人で素振りをするときは、「4番、長嶋、初球は見逃してボール。次はカーブ、打ちました」と実況放送を自分でやって、自己陶酔のスイングを続けたものです。今でいうメンタルトレーニングに当たるかもしれませんが、ここで「四球を選んで」などとイメージする野球小僧がいるとは考えにくい。

プレーのスケールの大小はともかく、目立つプレーを夢見るレジー・ジャクソン的な〝野球の初心〟をいつまでも持ち続けることは大事だと思います。

しかし、少年野球から高校野球、大学野球、社会人野球と揉まれ続けていくうちに自分の実力が全体のどのあたりに位置しているのかが分かってくる。それで、分相応にチーム組織に収まってしまうようです。

登場が待たれる、エゴの強い「ミスター・オクトーバー」

クライマックス・シリーズに進出したチームの選手たちは、ここで一つ、はじけてもらいたいのです。熱気もプレッシャーも高まる大舞台なのですから、はじけやすいはず。

と、まあ、大いにハッパをかけるのは、巨人のレギュラー・シーズンが物足りなく感じたからです。大方の野球記者の予想、ファンの期待それぞれの範囲内に収まった、という印象でした。投手陣にも野手組にも、はじけるどころかリーグトップの成績を収める選手がいないのですから、何と言ったらいいのか……。

それでも最後は独走気味で勝った、野球は「チーム競技」だからそれでいい、という考えも成り立ちますが、「野球は選手がチームの一員としてプレーする個人競技」という見方もあります。近年、会社は協調性のある、おとなしい学力優秀な新人より、とんがった性格の新人を求めている、という報道を見聞きします。どうやら野球界もそう望んでいる気配がします。

「オレが一番、やってやるぞ。見てくれ、オレのプレー」

そんな〝10月の男〟の登場が待たれるのです。

（2014年10月1日）

1994年10月、パ・リーグの覇者西武ライオンズを下し監督として初の日本一に輝き、銀座でパレードが行われた。

ユニホームへの別れ

野球シーズンが終わりました。
サクラの3月末から始まった試合は7カ月余り続いて、
深まった秋の落ち葉の季節にようやくチャンピオン決定、
こんな厳しい条件の競技は野球だけでしょう。
こうしてユニホームを脱いで12年もたつと、
自分でやっていたことなのに
「大変なスポーツだな」との感を強くしています。

毎年多くの選手たちがユニホームに別れを告げ、そのうちのごく少数の選手たちがメディアで取り上げられます。いずれも長年プレーを続けた選手です。彼らのプレー期間の長さだけでも「伝える価値がある」と記者たちが思うのは、自然のことでしょう。

引退を自分で決め、それを自分の口からファンに伝える記者会見の場を球団に設定してもらえる選手は幸せです。ほとんどの選手が球団から「来季の契約を結ぶ意思はない」と告げられ、ユニホームを脱ぐのですから。

魂は炎で肉体は薪

私は1974年、38歳で17年間の選手生活に終止符を打ちました。

ご承知のファンもいるかもしれませんが、実はその前年のシーズン末、5試合を残したところで〝引退勧告〟を受けました。川上（哲治）監督から「今季でバットを置いて、わしの後（後任監督）を継がないか。君にはもう3割は打てない。通算打率3割もある、引き際だ」と言われたのです。

おそらく球団の意向もあったのでしょう。私は「もう1年、現役でやらせてください」と頼みました。打率は下がっていましたし、体力の衰えも自覚していましたが、バッティングの奥義のようなものをつかみかけていた思いがあったのです。願いは聞き入れられました。

不思議なもので、身体が衰えてくると打撃術を突き詰める思いが研ぎ澄まされます。たとえば、相手投手は打者のスイングの衰えを見てとると、容赦なく内角を突いてきますが、その対応策。グリップ・エンド一杯を握って長めに持ったバットを内角に来る投球と同時にバックスイングし、バットが右肩のあたりに来た瞬間に両手を緩め、バットをスッと落として短く持ち替えて鋭いコンパクトなスイングで打ち返す。そんな精緻な技を繰り出したりしていたのです。まだ、やれることはたくさんあるはずだ、と。

古武道の老名人が3段、4段の大学生と竹刀を持って立ち合って、大学生を身動きできなくさせてしまう、という話を聞きます。老武道家の極めた奥義は体力に勝る若い有段者を圧倒するのです。しかし、剣道は短い時間の1対1の戦いですから、老錬の磨き上げた技が若い体力に勝つのですが、野球ではそうはいきません。

1打席勝ってもまだ3打席は回ってくる。1試合勝っても翌日、そして翌週、また次の月……相手投手ばかりではなく、7カ月もの時間にも勝ち続けなければならないのです。そして最後の試合後の挨拶の一節「いまここに体力の限界を知るに至り」となりました。「魂は炎で肉体は薪」と言ったのは誰だったか。ともかく印象に残る言葉です。〝燃える男〟も燃やすべき薪（肉体）が心細くなっては、バットを置くだけです。

ファンの心に名前を刻んだ個性派選手たち

私が尊敬していたヤンキースのジョー・ディマジオは「野球でプレーするのが楽

しくなくなったら、それは私にとってもう野球ではない。ジョー・ディマジオのプレーができなくなったということだから」と引退したそうです。

それぞれの選手の自分らしいプレーのレベルの高低はともかく、ひとかどの選手は皆、自分の「名を惜しんで」ユニホームを脱ぎます。ファンもその心を理解してくれます。2013年に引退した選手では、守りの宮本慎也（ヤクルト）、打撃の前田智徳（広島）、代打の桧山進次郎（阪神）らの個性派の名が浮かびますが、「御苦労さまでした、君たちは確実にファンの心に名前を刻んだ」とエールを送ります。

なかでも桧山はよかったなあ。巨人のクライマックス・シリーズの相手はどちらになるか、と甲子園の阪神対広島戦の中継を観ていたら、9回裏代打・桧山が2ランホーマー、現役最後の打席で自分の看板通りの仕事なんて選手の夢。「おい、最高だね」と声をかけたくなったものです。私はショート・ゴロのゲッツーでしたから。

（2013年11月1日）

ダブルヘッダーとなった現役最終試合の第1試合で通算444号の本塁打を放つ。この本塁打は106本目のONアベックホームランともなった。

第三章

やはり野球は面白い

松井秀喜との素振りの日々

ニューヨークの松井（秀喜）から電話がありました。
「引退します」という連絡があってから、ほぼ1カ月ぶり、
今度は緊張感もなく明るい声でした。
いつもじっくり考え抜いてから行動する松井ですから、
私が言うまでもないのですけれど、
「ゆっくり休んで進路を決めなさい」と伝えました。

松井は巨人で10年そして大リーグに移って10年、そのうちの7年間がヤンキースでした。日米球界それぞれで最もプレッシャーのかかる2チームで主力打者としてプレーしてきたのです。「ゆっくり休んで」は、私なりに「御苦労さま」の思いを込めたつもりです。

一対一で過ごした時間が最も長かった選手

考えてみると私の前後15年間の監督生活で、一対一で過ごした時間が最も長かった選手が松井です。その時間の大半がバットの素振りでした。

1992年のドラフトで引き当て、初めて対面したのはその年のクリスマスの入団発表の時ですが、がっしりした大きな身体が大学生以上どころか、まるでアメリカンフットボールの選手のようでした。「巨人を背負って立つ打者になる」とピンときて、すぐに3年計画、千日の素振りをやらせることを決めたのです。

調子が良いとか悪いとかは関係なし、とにかくボールを打たない素振り、素振り、また素振りです。もちろん正規の練習とは別に、ですよ。我が家の地下室でもだいぶやりましたね。素振りは単純な運動ですが、バットマンの技術のエッセンスであり、土台です。単純だから難しい。ゴルフを楽しまれてスイングに苦労している方はおわかりでしょう。

バットが空気を切り裂く音が自分の体の右寄りから聞こえるか、正面か、あるいは左寄りか、またビュッという音か、ボワッという音か、その違いでスイングの速さと軌道の良し悪しが判断できます。

しかし、実は素振りは技術的な面よりも心を磨き、精神を鍛える面の方が大きい、と私は信じています。集中力が養われ、周囲の状況に左右されない揺るがない心を作る……実体験を通じてそう言えます。カタカナのメンタル・トレーニングとは明らかに違います。大リーガーが素振り（振り込みというのが正確かな）をやるとは、聞いたことがありません。どうやら素振りは日本球界独特の練習のようです。日本野球の先人たちが始めた素振りには剣道の伝統が影響していたのかもしれません。

ならば心を鍛える練習になったのは自然のことです。

松井の印象は常に「前に」、「前に」

話が松井から外れてしまいました。当時の松井の印象を一言でいえば、常に「前に」、「前に」でした。そして自分の考えをしっかり持っている。こういう選手には教えるのが難しいのです。今様の若者は言われたことはすぐ器用にこなします。松井は一振り一振り考えた上でのスイング、時間がかかるというのではありませんが、器用なマニュアル消化でなく、自分の考えでかみ砕いて手作りで積み上げていこうとするのが見ていてわかりました。

バットを振るうちに二人の間の空気が煮詰まってくる。宮本武蔵の『五輪書』に「千日の稽古を鍛（たん）とし、万日の稽古を錬（れん）とす」なんて名フレーズがありましたが、そんな緊張感いっぱいの充実した時間を過ごせました。

日本でプレーしてくれたら、とのファンの声は多くありました。けれども松井自身が設定する〝松井のプレー〟は、ファンの「まだ、20ホーマーぐらいは打てるはず」という種類の〝暖かい期待〟を許さないのです。日本人の好きな、名を惜しんだ引き際でした。

アメリカでの松井の評価はどんなものだったのか、引退に際しての報道を教えてもらいました。「謙虚な人柄で常にチームを優先する勝負強い打者だった」という一節に尽きていたようです。

傲慢とも思える売り込み競争の世界が大リーグの一面ですから、その中で謙虚な姿勢を貫いた松井がいかに好感を持たれていたかがわかります。素振りで磨いた日本人の良さを示したと言いたいところです。

さて、「ゆっくり休んで」と松井に伝えた私ですが、「ゆっくり」は1年間、そして指導者として球界に復帰してほしいと思っています。復帰する場は、もちろん巨人です。

（2013年2月1日）

松井秀喜プロ入り1年目の1993年3月、将来の4番と見込み、1000日構想で鍛え上げた。

守りの名手が消えた

秋になるとプロ野球も〝収穫のとき〟を迎えます。
もっともクライマックス・シリーズがありますから、
首位チームは「追試験」、
上位の負けチームには「敗者復活戦」です。
個人的には好きになれないシステムですが、
試合制度の問題は別にして
プレーの面でずっと気になっていることがあります。
内野守備技術の低下です。
名人、上手、職人が消えてしまったと感じています。

内野守備の職人とはどんな選手か。

私の第一期監督時代の外国人選手にデービー・ジョンソンがいました。彼を評して投手の堀内恒夫は「バットなしでいい。グラブを持って二塁にいるだけで助かる」と言いました。

左翼から三塁に移った高田繁（横浜DeNAのGM）も「併殺場面の三塁ゴロは捕ったら二塁ベースあたりに投げれば悪送球でもOK、デービーが簡単に一塁に転送してゲッツー成立。〝新人三塁手〟の僕までうまく見せてくれる」と言いました。

ジョンソンは、2012年大リーグの最年長監督（69歳）として、長年の弱小チームを31年ぶりの地区優勝に導く活躍を見せましたが、オリオールズ選手時代はゴールドグラブ3年連続受賞の名二塁手。巨人でも巧みなグラブさばきでうるさ型の多かったナインの信頼を得ていたのです。

こんなグラブだけで勝負ができるのが守りの職人で、私と現役が重なる世代では阪神のショート・吉田義男さん、中日のセカンド・高木守道さんがすぐに浮かびます。

「技」と「遊び」の守りから「パワー」の守りへ

守りの名手が消えた理由は、はっきりしています。人工芝です。まっ平らな土台の上に敷かれた絨毯のような人工芝。その上を転がるゴロは単調です。土と天然芝上のゴロが持つ複雑なニュアンスの動きはありません。不規則バウンドが少ないから、内野手はゴロの変化に備えなくなり、転がるスピードが速いので待って捕球するのが当たり前になりました。

選手は多彩なグラブさばきやフットワークをそれほど要求されません。妙な言い方になりますが、単調なゴロに備える単純な守備になってしまったのです。強いて言えば速い球足だけに適応した〝パワーの守り〟ということになるでしょう。

意外に思われるかもしれませんが、私は野球のプレーの中では守りが一番好きでした。フライの処理は「ちょっとなあ」で苦手、ゴロを捕球して送球する一連のプレーが楽しかった。守る位置を考え、投手の球種、打者の内外角どちらに投げるかで打球方向を予測する。

ボールに向かうステップの幅、グラブの運び、送球の腕の振りはどうしたらカッコいいか……見せびらかしのプレーとも言われた派手なランニング・スローがそうでしたが、お手本は歌舞伎の華やかな所作でファンに喜んでもらえる自分の「技」と「遊び」とを思う存分注ぎ込めたからです。

守り伝えられるべき内野守備の技

「捕球から送球のプレーには15、16種類のパターン（形）がある」と野球雑談で言ったところ「そんなにたくさん？」と疑われました。それくらい技術の引き出しを持っていなければゴロが千変万化する天然芝上の内野手は一流とは言えなかったのです。

人工芝はそんな技術を過去のものにしてしまいました。多彩な守りの技がパワーの守りにとってかわられたのは、プレー環境変化への適応で自然の流れ、守りの名人を絶滅危惧種にしてしまいました。しかし、それは野球の大きな楽しみをひとつ失ったことでもあるのです。ファンが観戦で投球の次に多く見るプレーが内野守備ではありませんか。環境の変化で失われ滅びつつある技術はいくらでもあります。進歩の代償ですが、それでも守り伝えられるべき技も少なくない。内野守備もそのひとつと強調したいのです。

巨人に加わった村田修一の三塁守備が、横浜時代よりずっと良くなっている、と話し（96ページ「5月病の克服には全力でジタバタやる」）編集スタッフにけげんな顔をされましたが、私には守りが常に気になるのです。人工芝上でも選手が意識さえすれば高度で多彩な守備技術の維持は可能なのだ、と思いたいですね。

いつも「昔はよかった」にならないよう気をつけていますけれど、今回はそんな傾向が出たかもしれません。オールド野球人の蘊蓄《うんちく》として受け取ってください。

（2012年9月3日）

人気を博した華麗な守備。写真は宮崎キャンプでの守備特訓の様子。1969 年撮影。

頭と体。野球の面白さを発見するのは？

野球に体でぶつかっていって、
汗をかき、身をもって面白さを発見して夢中になった。
野球に限りませんが、スポーツを好きになるのは、
かつての子どもたちのこのダイレクトな行き方が理想でしょう。
〝野球教科書〟を読み、映像を眺めて
頭の中でイメージをこしらえ、
さてグラウンドで、というのでは、
体当たりで得られる熱さ、楽しさにはかないません。

しかし、子どもたちが野球に飛び込む環境となると……。そんなことを考えたのは、小学校の体育の授業で野球を教えるNHKのニュースを見たOB野球記者が「驚いた」という話を聞いたからです。

「ボールを投げるのに右腕と右足を一緒に前に出すから、ボールの押しだしです。右打者がバットを構えると左手が上で右手が下。これではバットが振れるわけがない」

女の先生はもちろん男の先生も野球経験を持たないのが大半です。先生と生徒の悪戦苦闘の場面に、苦笑するより驚いて、「野球の将来が心配」というのです。危機意識の見出しが、ちょっと大きすぎる気がしますが、問題点を衝いているのはたしかです。

私たちの子ども時代は体当たり挑戦です。泳げない子がいきなり水に飛び込んだのと同じですから、必死で覚えてしまう。体が先で頭（ルールやプレーを考えるのは）はそのあとです。道路でキャッチボール、空き地で三角ベースがどこでも見られた時代です。生活環境が違う今とは比較になりませんが、ボールの投げ方、バットの持ち方の講義から始めないといけない時代を野球は迎えているのですね。

ちびっ子ファン対策のためのアメリカでのデータ提供

子どもの野球離れはアメリカでも同様らしい。最近リトル・リーグのチームが激減し、「なぜ子どもたちは野球を見捨てたか」と、〝国民的娯楽〟の危機に警鐘をならす連載記事が有力紙に載ったそうです。

大リーグでは今季から打席をたびたび外す打者、投球間隔の長い投手には警告を発して強引とも思える試合時間の短縮策を始めました。これはナイターの長い試合時間を敬遠して減っているちびっ子ファンに球場に来てもらうため、と大リーグ機構は明言しています。テレビ観戦のファンには、コンピューター・ゲーム世代に合わせて各種データのサービスです。ホームランが出た。すると打球の初速が時速175キロ、27度の角度で打ち出され、滞空時間5・36秒でスタンドに落ちた……

というような速報です。

子どもたちを野球に引きつけようとする努力はわかりますが、最初は珍しいデータでも、慣れてしまえば効果に限界がありそうな気がします。

スポーツ庁に期待するちびっ子ファン対策

データと言えばこんなことがありました。「40年近く昔にお預かりした本です」と古文書みたいな英文の本を昔の担当記者が持ってきた。私の監督3年目の1977年、「さわりを訳してノートを作ってくれないか」とキャンプで渡されたのだといいます。『パーセンテージ・ベースボール』、名門大学の機械工学者の野球データ分析本です。贈られた本と思いますが、記憶はあいまいです。そのOB記者は、最近のアメリカの新聞の電子版に今のデータ分析野球の原点の本、と書かれているのを見て思い出し、探し出したというのです。

「ミステリーを読む程度の英語では、数学の専門書ですから歯が立ちません。困っているときょ人は開幕からどんどん勝ちだした。それで翻訳などどうでもよくなってしまって」

私もどうでもよくなって、忘れてしまったらしい。この年はリーグ優勝でしたから、記者の英語力がまともだったならば、私はデータ野球の先駆的監督になっていたかもしれませんが、面白い野球の提供という面ではどうなっていたことか。

データは野球を舞台裏で支えるものだと思うのです。データ野球がメディアで盛んに報じられるアメリカでも「野球をコンピューターの中から野原のもとへ取りかえせ」という声が高くなっているといいます。

日本では今年10月にスポーツ庁がスタートします。プレーできる広場の拡大、指導者の育成など、環境作りに期待したいところです。子どもたちが思い切り体を動かし、汗を流して野球の面白さを自分で発見できるようになって欲しいものです。

（2015年6月1日）

オリオールズを迎えて行われた1971年の日米対抗野球。「人間掃除機」の異名を持つ名3塁手ブルックス・ロビンソンと別れを惜しむ。

勝負への執念

あっという間の1年が過ぎていきます。
今年も良いこと、悪いこと、
悲喜こもごもの12カ月でしたが、
日本シリーズで巨人が楽天に敗れ、
連続日本一になれなかったのが、心残りです。
「終わりよければすべてよし」とはなりませんでした。

その日本シリーズの最中、1勝1敗のタイになり戦いの舞台が仙台から東京に変わる移動日に川上（哲治）さんが93歳で亡くなりました（これは数日後に明らかにされたことでしたが）。私は巨人の敗戦と川上さんの思い出とを重ねて考えてしまいました。

「勝ちに徹し切る」監督業の難しさ

と言っても巨人の敗戦分析ではありません。巨人の連覇は川上監督の下での1973年のV9達成が最後で、以後絶えてありません。そんな事実に「勝つことに徹する」難しさを思ったのです。川上さんは私情を消し去って「勝ちに徹し切る」ことができた稀有の監督でした。「勝負ならばそれが当たり前」と言うかもしれませんが、これが難しいのです。

試合の大事な場面で、選手のプライドや体面を傷つけ、チーム内での立ち位置や将来の選手生活にまで影響するかもしれない采配を冷徹に進めること。これは監督が選手を理解し、それぞれの選手が背負ったものを知れば知るほど難しくなります。ましてその采配が裏目に出た時のリスクを考えると、どの監督もたじろいだ経験はあるはずです。

川上さんはそういう情緒的なことを断ち切れる監督でした。当時の担当記者たちが言った「哲のカーテン」がその証です。アメリカとソ連が争った冷戦時代、ソ連の厳しい情報管理は「鉄のカーテン」を引いている、と言われたそのモジリです。

取材時間の制限や外部からの〝雑音〟を選手の耳に入れないように川上さんは悪評覚悟で情報管理と監督を頂点とする統制管理を徹底しました。私と王さんには自由に打たせてくれましたが、戦法は手堅く「石橋を叩いて渡る、どころか、ハンマーで叩きまくって安全と分かってもまだ渡らない」と批判されもしました。

勝利という目的達成には「無私」になること「無心」になることを川上さんは禅を学ぶことで追求していました。その成果による私情を入れない勝負への姿勢、それが「哲のカーテン」でした。

監督は孤独で厳しい仕事

ちょっと話が外れますが、「3番（私のことです）の勘」を話題にしていた記者たちに珍しく川上さんが講釈したことがあったそうです。

これも禅に関わるのでしょうが「勘とは、頭に貯め込まれてきた知識と経験による瞬間的判断だろう。君たちみたいに貯め込んだ知見なしの勘は〝山勘〟にすぎない」と笑ったというのです。私には納得できる卓見です。

とにかく、川上さんは、世評は一切気にしなかった様に思います。「勝つだけ」に集中するそんな「非情」とも取られかねない姿に、私は監督とは何と孤独で厳しい仕事なのだろう、と思ったものです。

日本シリーズを振り返ると、巨人は楽天の熱さに押しまくられていた感じです。楽天は、大震災の痛手に苦しんでいる東北復興のシンボルです。日本一になれば地元の励ましになる……。こんな気分が日本中の野球ファンの大多数にあったようです。巨人もそういう空気は読んでいたに違いありません。しかし、それで相手をおもんばかった気持ちが戦う者の心に少しでもきざしたとしたら、〝勝負の敵〟になってしまうでしょう。

1勝1敗の後、東京ドーム初戦の第3戦には、私も観戦に行きました。試合前のサロンの雑談で「このドームの3連戦で決めてしまって欲しいですね。仙台に戻るとなるといやな予感がするなあ」とOB記者が言い出したのです。「地元の応援に加えて日本中の判官びいきの応援も加わるし」と言うのです。「そんなことは、思っていても、口にしてはいけないことだ」と皆が笑って雑談終了となったものの、確かにそんな思いは皆の心の隅にありましたね。日本中の野球ファンの思いに押されて勢いに乗る楽天、巨人は逆に……というのが私の見立てです。

一言雑学を付け加えます。バットマンとしての川上さんは「ボールが止まって見える」の名言で知られますが、今でも良く使われる「球際＝たまぎわ」という言葉を作ったのも川上さんでした。野球一筋の肥後モッコスの大往生に連覇をたむけたかった、とつくづく思いました。

（2013年12月2日）

1973年、前人未到の9連覇を果たし、球場を一周する。先頭に川上哲治監督。

使い古したグラブと守備の形

高校野球でも、プロ野球でも、
あるいは大リーグの試合でもいいのですが、
テレビ中継を観ていて、ふと気がついたことがあります。
画面を通しての印象ですから、
正確なところは分からないのですけれど、
選手が使っているグラブがきれいだな、と思うことがあります。
新品のようだ、とまでは言いませんが、
私たちの現役時代と比べると
ずいぶんきれいな気がするのです。

これからの話は、私のプレーヤー時代が〝物差し〟になりますから、1970年代半ばまでのこととして聞いてください。

ともかく、私たちの時代には、試合で今のようなきれいなグラブを使っている選手はあまりいなかった。たいていの選手が使い込み、手に馴染んだ、革は渋く変色したグラブでプレーしていました。そもそも試合用のグラブとはそういう、使い古した感じの外見をしていたのです。それも当然で、新品のグラブにかなりの時間と労力を注ぎ込んで試合用に〝作り上げていった〟からです。

守備スタイルを考えることを夢中にさせてくれたグラブ作り

その工程ですが、まだ革が硬い新品のグラブにオイルを塗って軟らかくし、捕球するポケット部分を小槌で叩いて整えます。そこにしっかりボールを入れて、グラブがボールをつかんだ状態にして紐で縛りその形をグラブに〝覚えさせる〟、形を固定するのです。そして、練習で使い、気になる部分の調整を重ねながら手に馴染んだところで、晴れて試合用グラブの完成です。私たち世代のプレーヤーはこんなグラブ作りをプロもアマもやったものです。

大学でも巨人でも私の後輩になりますが、故・土井正三さん（巨人V9時代の名二塁手）に至っては、新品のグラブの縫い合わせの一部をほぐして中の詰め物、パンヤとかアンコと呼んでいましたが、これを引っ張り出して自分の気に入った厚さに調整していました。セカンドはゲッツーなど捕球をキーにしたプレーが多いので、グラブでボールをしっかり握るために、小型で薄手で平べったい手袋のようなセカンド用グラブを自分で作ったのです。

では、試合用のグラブを作っていく過程が面倒だったか、というとそんなことはありません。どんなグラブにするかは、自分がどんな守備をするか、したいかのイメージによって決まります。夢中になってグラブ改良している間、その選手は夢中になって自分の「守備のかたち」を考え、追い求めていた、ということです。

私は三塁ですから強い打球への対応です。ポケットは深め、グラブの縁の土手の部分はしっかりした、ボールを誘い入れるような形を狙ったものです。新しいグラブをはめてポンポンとポケットを叩いて「長嶋流三塁守備のかたち」に合うよう手を加え、練習で使って、また部分修正。グラブとの共同作業で自分の守備スタイルに合った形を作っていきました。

弱まったように感じられるグラブへの愛着度

今ではメーカーは各ポジション用に合わせたグラブを作っていますが、私たちの頃は投手と外野手が大きめで、内野手はそれより少し小さめ。そんな程度でしたから、選手たちはそれぞれ自分で工夫したのです。

今のプロ選手たちは契約メーカーのグラブ職人に細かい注文を出してオーダーメードなのではないでしょうか。新品のグラブが選手の手に届いたときは、もう形としては完成している。形の修正にそれほど手間をかけず、練習で慣らす時間も短くて済みそうです。それで試合できれいなグラブを使っている選手が増えたのだと想像しています。具合が悪ければ、職人に頼んで調整してもらう。「アウトソーシング」というのですか、すべて外注できちんとやってもらえる時代になりました。

こだわって自分で手を加える選手もいるでしょうが、加える手間は少なそうです。

きれいなグラブを眺めて私はこんなことを思いました。選手のグラブへの愛着度は自分で手塩にかけて馴染ませていった昔の方が強かったような気がします。あまりに便利な時代は、人と道具の関係も薄くしてしまう……と。

ただ、どんなグラブであっても、素晴らしい守りを達成してこそいいグラブになります。「道具を生かすのは、それを使う人間」、それだけは昔も今も変わりありませんね。

（2014年9月1日）

1973年7月31日、プロ入り通算2007試合目の出場で、吉田義男と並ぶセ・リーグ最多試合出場タイ記録となる。

心の内を読ませない私の打撃術

「打席では何も考えていないのですか？」

と私の現役時代を知らない若い記者が言い出しました。

話のタネは、テレビ特番で

私の昔のプレー・ドキュメントが再放映され、

その中での稲尾（和久）さんのインタビューです。

稲尾さんは「巨人に勝つには長嶋を抑えること。何を考え、何をねらっているか、マウンドから必死に観察するが、ボケーッと立っているだけで分からない。ようやく第3戦で、こいつは何も考えていないのだ、と気がついた……」と笑っていた、と言うのです。「何も考えず、ボケーッと」には苦笑ですが、稲尾さんにわが心の内を読ませなかっただけなのです。それが私の〝打撃術〟でした。

稲尾和久さん、ご存知でしょう。話題にしていたのは西鉄が3連敗のあと4連勝で巨人を破った昭和33年（1958年）の日本シリーズ、私のルーキーイヤーです。

このシリーズで稲尾さんは6試合に投げ、4試合完投の鉄腕ぶりを発揮して、「神様、仏様、稲尾様」と称えられました。稲尾さんは「こちらが投げようとモーションを始めると、それに合わせて打ちにかかるバッターの微妙な動きで狙い球を察し、球をリリースする瞬間に、打者の狙いと逆の球を投げて打ちとる……」と高度な〝投球術〟の真髄も語っていたと言います。なるほど、とうなずきます。

これを打者の側から詰めると私の〝打撃術〟になります。

ゾーンに来る全ての球に反応できるように研ぎ澄ます

私は、今度はカーブが来そうだとか、外角に投げてくるだろうなどと、たいていの打者がやっている球種やコースの予測はしませんでした。この予測を「考える」というなら、確かに「考えて」いません。

ただし、全神経はストライクゾーンに来た球を打つ、ゾーンに来るすべての球に反応できるように研ぎ澄ましているのです。狙い球を絞る打者に慣れている投手にすれば、捉えどころがなく、何も考えていないように見えたことでしょう。

投手の手から離れた球は、レーダーのように網を張っている私の〝自分のストライクゾーン〟に入ってきます。この球の芯を思い切りたたきつぶす、これが私のバッティングでした。〝自分のストライクゾーン〟は、野球規則に規定されているストライクゾーンとは違います。よくボール球を安打にした、と言われるのも、私のストライク球だから打ったのです。

せっかちで攻撃型の性格なので、打席を外したりモジモジしたりの投手との駆け引き、腹の探り合いにも無縁でした。四球で歩くのはつまらない。打ちたい、だから早いカウントから打って出る、これは現役時代を通じて変わりませんでした。

稲尾さんは私の打撃を「球に身体が反応するバッティング」と評したとか。球が投げられてから手元に来るまでの1秒の何分の一かの一瞬の間に、球種、球筋を見極め、ストライク、ボールを判断し、スイング……この〝我が瞬間の打撃術〟を上手く言い当ててくれたと思います。

稲尾さんが球をリリースする瞬間に勝負をかけたと同様、私は球が投手の手から離れた瞬間から勝負に入ったのです。投打の真髄はコインの表と裏でした。

「男の勝負」「名人伝」を今の野球に期待

「稲尾さんは、投げた後バットとボールが当たるところまで見極めるが、長嶋はスッとバットの握りを調節して打ってくる、と言いましたよ。剣豪伝、名人伝の世界ですね」と記者は嬉しがります。「そうだよ。投手と打者の決闘だ」と私は応じます。

稲尾さんは思い出を語った本の中でこうも言い残したそうです。

「奇跡の逆転で日本一になったが、長嶋さんには嫌な思いをさせられたなあ。第1戦の最初の打席で三塁打を打たれ、第7戦の最後の打席はランニングホームランされたのだから」

チームは勝っても、投手として心残りがあったのです。チームが負け、鉄腕を打ち崩せなかった私には悔しさだけ、こうして互いに技術を高めあっていくのです。

「そういう対決、今はなさそうだ。見たかったですね」と記者は言います。確かに「男の戦い」の要素が薄味になっているのが最近の試合かもしれません。

しかし、私は、新しい「男の勝負」、「名人伝」を期待し待ち続けています。野球はいつもその時代にふさわしいドラマを生む底力を持っているはずですから。

（2013年6月3日）

1958年日本シリーズ、巨人・西鉄第6戦。9回裏二死一・三塁で投手稲尾・打者長嶋。キャッチャーフライに倒れ万事休す。

ワールドカップ観戦に思うサッカーの魅力

「ダメだったなぁ。マスコミは〝勝てる、勝てる〟と書きすぎ、しゃべりすぎだよ」と言います。

「誇大広告になっちゃった」との反省も出ました。

「やっぱり体力の差か」

「相手は日本選手と体の厚みが全然違う。ユニホームの上から腹筋が分かるくらいだ」

２０１４年ブラジルでのワールドカップ、野球記者、そのＯＢ、球団関係者の面々がああだ、こうだ、喧々諤々《けんけんがくがく》盛り上がっていました。

日本がコートジボワールに逆転負けして2日後の会話です。日本中にこんなシーンがあふれたのではないでしょうか。

私はポーカーフェイスを決め込んで聞いています。「東京ドームのサロンで試合前の話題として、これはいかがなものか」という声で周囲は多少静まって、「監督（私のことです）、ワールドカップはどうですか？」と気を使った気配の質問です。

私はおもむろに答えます。

「サッカーか……」

一呼吸置いて、

「サッカーはいいなあ、面白い」

「蹴球」ではない、「サッカー」に感じた芸術性

私はワールドカップをスタンドで観戦したことがあります。監督業から引退し、時間ができた2002年、日韓共同開催で日本が決勝トーナメントへの進出を決め

た対ロシア戦を横浜（横浜国際総合競技場＝現・日産スタジアム）で観たのです。サッカー中継史上最高の視聴率66・1％を挙げたあの試合です。

私の世代のスポーツといえば野球が主役です。サッカーもやられてはいましたが、人気スポーツと言うには程遠く、そのプレーもボールを両チームの選手全員が一団になって追い回す（そう見えました）、言い方はよくありませんが〝泥臭い競技〟という印象でした。


それがどうです。スピードの快感、足技テクニックの妙がある。パスワークに見られる以心伝心のチームプレー、これは野球だと巧妙なダブルプレーの拡大・拡張版の感じ。キーパーやディフェンダーが体を張ってむき出しにする勇気、これはホーム上の衝突プレーに重なります。シュートの迫力……魅力はまだまだありますが、それらがノンストップ・アクションで展開するのです。私が知っていたのは「蹴球」であって「サッカー」ではなかったのを思い知らされました。

それからは、ドイツ大会（2006年）、南アフリカ大会（2010年）とテレビ観戦です。南ア大会の優勝国スペインのパス回しには驚嘆しました。チーム全体が一つの身体のようで、すごいスピードで受ける相手を見ずにパスを出し、受けた瞬間すぐにまたパスを出す。それが何人も何人もと繋がっていく。「こうなると芸術の域」と思ったものです。そして今度のブラジル大会、連日テレビの前というわけではないけれど、いっぱしのワールドカップ・テレビ観戦サポーターになっているのです。

世界で最も普及し、人気のあるスポーツ「サッカー」

断っておきますが、野球とサッカーと比較してどちらが面白いか？というような優劣には興味がありません。

どんな競技でも世界トップレベルの大会はそれなりに面白く、楽しめるものです。細かいルールを知らず、選手の予備知識なしで観ていても、あの選手はすごいなと感じることがある。そんな経験は皆さんもお持ちでしょう。目に付く選手、印象に残る選手はたいていスター選手、中心選手なんですね。これはどの競技でもそうです。

スポーツは、言葉を必要としない身体の表現を楽しむもの。ですから世界中の人たちが夢中になれるのだと思います。

とりわけサッカーは、ボール一つあればできますし、ルールは「手を使うな」と「待ち伏せするな＝オフサイドですね」あたりを心得ていればよさそうですから（ちょっと乱暴な説かもしれませんが）、「世界で最も広く普及し最も人気のあるスポーツ」になったのはよくわかります。

「それにしても一カ月間、スポーツ紙の1面、一般紙のスポーツ面トップはサッカーですから」と球団関係者は言います。私は「4年に一回じゃないか。大いに楽しみ盛り上がればよろしい」と言いました。

実は、ワールドカップが終了する7月の中旬あたりから巨人は上昇していけば……などと目算を立てていたのです。大会が始まるときには巨人はトップになっていましたから、余裕があったのも事実です。

ところで「おや」と思ったのは、フリーキックでボールを置く位置と、その地点から選手を離れさせる位置に主審が線を引くスプレーです。シェービング・クリームの新使用法か、と思ったら「バニシング・スプレー」という〝新用具〟でした。早とちりはともかく、サッカー・テレビ観戦で困ることが一つあります。選手とボールの動きを追う目の酷使で肩もこって、非常に疲れるのです。

（2014年7月10日）

最後までワクワクものだった「なでしこジャパン」の戦い

100周年の高校野球、
あと5年となった東京オリンピックの新国立競技場騒動、
そしてセ・リーグの大混戦。
猛暑、酷暑をさらに熱くさせるスポーツの話題です。
しかし、ここでは2015前半のスポーツ界、
最高の話題、楽しい話題となった
女子ワールドカップ「なでしこジャパン」を
取り上げることにしましょう。

私が「なでしこ」の国際試合を気にするようになったのは、大多数の「なでしこ」サポーターと同じではないか、と思っています。

東日本大震災が起こった2011年、「男子代表と違って女子代表は強い。上位に行くはず」という新聞報道に、あおり立てとは別種の国の希望を託すという気配を感じました。そこで、テレビ観戦して始まった……という道筋です。日本を元気づけてくれたワールドカップ優勝から、ロンドン五輪の銀メダルを経て、今回は連覇を目指すディフェンディング・チャンピオンとして迎えた女子ワールドカップですから、目を離すわけにはいきません。

「驚き」と「安心」を感じさせ、「ニチボウ」と「回転レシーブ」が重なった戦い

決勝でアメリカに敗れましたが、「なでしこ」の戦いはよかったですね。チーム全員の精神的な結束力に最後まで緩みがなかった。自分たちが最も得意と

する戦いのスタイル（あの爽快なパス回し）がしっかり継承され続けていた。レギュラーはもちろん、サブ選手も全員が自分の役割に徹し、交代出場でもすぐにレギュラーと溶けあって〝繋ぎ目〟を感じさせないのです。スタートから3試合、ゴールキーパーを3人使ったのには驚きました。野球の世界レベルの戦いでキャッチャーを試合ごとに変えるなど、考えられません。それが安心して観ていられたのは、チーム編成に隙がなかったということでしょう。試合ごとにチームが強くなって行く感じで、キーパーを固定した決勝トーナメントに入ると、「アメリカと決勝戦は間違いなし」モードをテレビの前の私たちに発信してくれました。

「東京オリンピックのニチボウが重なった」と私は言いました。半世紀以上前の事ですから、若い人は「？」、年寄り連中は「なるほど、そうですね。東洋の魔女。日紡貝塚主力の女子バレーボール日本代表、分かりますね」と共感してくれました。「やまとなでしこ」の、辛抱強く、困難に耐え、働き者で、助け合い、あきらめない……そういうよさが全開でした。動き続け、走り続け、声が出し続けられました。

苦しい状況でも精神的な揺れ、弱さをまったく見せなかった。

世界が目を見張った「東洋の魔女」たちの〝回転レシーブ〟は、自己犠牲そのものでしたが、体格にまさるアメリカ選手を「なでしこ」が複数で囲み体をぶつけて守るプレーは、そのサッカー版でしょう。

魔女を率いた鬼の大松（博文監督）は「オレについてこい」でしたが、「なでしこ」の佐々木（則夫）監督は選手たちから「ノリさん」と呼ばれているらしい。監督のありようの違いは時代の違いですけれど、チーム・スピリットは同じでした。

2対5のスコアを惨敗と感じさせなかった立派なチーム・スピリット

サッカーの2対5の敗戦は「惨敗」の部類かもしれません。しかし、あの決勝戦、「アメリカに惨敗した」と感じたサポーターはいなかったはず。

キックオフから16分で「なでしこ」は立て続けの4失点です。惨敗とは、点差だけではなく、試合中に選手が精神的に打ちのめされギブアップしたのが観客に分かってしまう状態をいうのだと私は思います。人間の精神的弱さを見せられると、たいていの人が眼をそむけたくなるものです。

「なでしこ」は大丈夫でした。大量失点の総崩れ状態の中で、宮間（あや）キャプテンを中心に皆がキーパーの海堀（あゆみ）に声を掛け、励まし合って、ちょっと時間がかかりましたが、乱れた陣形を整えました。後半ジョーカーで登場した岩淵（真奈）の突破など、点差関係なしのワクワクものでしたね（選手の名前も少しばかり覚えました）。「なでしこ」はディフェンディング・チャンピオンにふさわしい立派な戦いでした。

ここで、唐突に巨人に一言言いたくなってきました。昨年は日本シリーズに出られなかったけれど、セ・リーグのペナント獲得チームです。「ディフェンディング・チャンピオンとして胸を張れる試合をしないと拙い」と言いたいのです。

（2015年8月3日）

巨人軍監督に就任した1974年11月、テレビ番組の取材で「キング＝王様」と称されたブラジル代表のサッカー選手・ペレと。

我がブーイング体験から得た教訓

立春のころになると「いよいよシーズンだなぁ」
と気負った気分になってきます。
新しいシーズンの楽しみはルーキーです。
野球に限ったことではなく
すべての競技で毎年ファンを引き付ける
若い力が台頭しなければ、
その競技は人気を保つことはできません。

2月初旬に私は、巨人の〝一浪ドラフト1位〟の菅野（智之）を観に宮崎キャンプに行ってきました。本当は菅野一人を観に行ったわけではありませんが、話のテーマを絞る都合上、そういうことで進めます。菅野は想像以上に素晴らしい投手でした。

いい選手はユニホームがよく似合う ジャッジ・スローリーを大切に

まず、ユニホームがよく似合う。「そんなことはどうでもいい」などと言わないでください。ユニホームの似合わない選手、着こなしの良くない選手、ユニホーム姿がカッコよくない選手は、まず、ダメ。仕事着が身につかない仕事師の仕事なんて知れています。視線が引き付けられたのはがっしりした下半身です。

菅野のユニホーム姿には〝柱になる投手〟の逞しさが漂っていました。まだブルペンのマウンドに立って数日のころでしたが、投球に力があり、変化球の鋭さもコントロールの安定度も確か、ルーキー投手として抜きんでていると唸りました。

開幕までにはさらにピッチングの精度が上がるはず。そうなると……とイメージは大きくふくらんで「二桁勝利、少なくとも12勝、13勝はやってくれそう」と記者諸君にコメントしました。

私には、選手のいいところから観ていく傾向があるのを自覚していますが、点数を甘くしてはいません。ただ、新人の評価をその短所から観て、さらに細かく欠点を指摘していく専門家が多すぎる気がしています。完璧主義の日本人の特性なのでしょうが、欠点ばかり聞かされては楽しくありません。

野球は7カ月も続く〝長期戦〟です。若い選手の実力判断は、短所の矯正よりも長所がさらに伸びる可能性をはかり、辛抱強く見守るのがいいと思います。これはせっかちな私が1975年の第一期監督の1年目に「ジャッジ・スローリー（判断は時間をかけて）」の大切さを経験して得た、考え方なのです。

期待は大きく、しかし、忍耐強く見守れ

年配のファンはご記憶でしょう。左腕の新浦（寿夫）、「試合でブルペンの力が出れば20勝級」と誰もが認めた甲子園の高校野球で活躍した期待の投手なのに、巨人入団後の4年間はさっぱりでした。

気持ちが細かすぎて試合で揺れるのです。自分の力に自信が持てないのです。これは試合で経験を積ませるしかない、と判断した私は、負けても、打たれても新浦、新浦、また新浦。「使うオレが悪いんだから、ヤジなんか気にするな」と新浦に気合を入れ続けました。

新浦も辛かったろうが、私も参った。当時の後楽園球場にはファンの声援の音量を光で表示する〝エキサイト・タワー〟がありました。「投手・新浦」と告げるとスタンドの大音量でこのタワーの光がたちまちてっぺんまで駆けあがる。声援ではありませんよ。「長嶋、まだわからんのか、新浦は使うな」の大ブーイングです。

見込んだ才能、見捨てられるかの意地の〝投資〟でしたけれど、選手、監督生活を通じて浴びたブーイングの中で最大級、大嵐の日々でした。

翌年から4年間、新浦はずっと二桁勝利を挙げ左のエースに育ちました。タイトルもかなり獲ったはず。調べてもらうと最優秀投手1回、最優秀防御率2回、最優秀救援投手1回、最多奪三振1回。なかなかのものです。

これと見込んだ選手には「期待は大きく、しかし、忍耐強く見守れ」。これが我がブーイング体験から得た教訓で、ファンの〝観戦のキモ〟にもなるでしょう。菅野にはそんなに忍耐を強いられるなんて思いませんけれど。

実は、菅野の1年間真剣勝負から離れた浪人生活が心配でした。かつての江川（卓）がそうで、怪物投手も入団1年目は浪人ブランクで怪物の面影もなかったからです。菅野にその心配は無用と感じました。自分で浪人リスクをきちんと管理してきた証拠が、堂々とした態度と強靭な下半身でした。

キャンプが終わるとワールド・ベースボール・クラシック（ＷＢＣ）がありました。ここでも識者たちの「大リーグの金儲け」とか「世界一を決める大会ではない」とか「時期が悪い」などと完璧主義の観点からいろいろありましたが、国際大会とは、何であれこうした問題はつきもの、そんなさまざまな制約の中でトップを争うものです。私はＷＢＣをチームの団結力の戦いと見ています。日本らしい一丸となった熱いプレーをファンとともに望んでいます。

（２０１３年3月1日）

バントは〝難しいプレー〟か？

気楽な茶話の席で
「バントは〝難しいプレー〟ですか」と聞かれました。
テレビの大リーグ・ニュースの中のアンケートで、
大リーガーたちが口々に「難しいプレー」の上位に
バントを挙げていた、というのです。
大リーグの看板はパワーとスピード、
細かいプレーのバントが苦手なのでしょう。

そういえば夏の高校野球、かつてはすぐ浮かぶ代表的なプレーが「バント」でした。しかし、高校野球のバントも金属バットになってずいぶん減りましたね。「バント」をテーマに雑談をします。

とは言っても、私はバントにあまり縁がありません。大学時代は一度もやらなかったし、「巨人の17年間で何回バントしたのやら……」。

調べてもらうと、

●サインでの送りバントで安打になったのが4本
●走者をきちんと送ったのが5回
●失敗は4回
●セーフティバントはファウルを別にして44回で成功が25回（安打）

このセーフティバントにしても、打率稼ぎではなく、スランプの時にスコアボードに「H＝ヒット」のライトを付けて気持ちを切り替えるための〝ビタミン剤〟みたいなものでした。たくさん飲む（試みる）ものではなかったのです。

「長嶋の感ピューター野球」が証明された

大リーグでは、選手が「難しい」と言うだけでなく、「バントは失われつつある伝統技術」との記事が散見されるそうです。パワー野球でバントの機会が減ったのだと思いますが、それだけではなかった。

コンピューターのデータ分析で「送りバントは相手にワン・アウトをプレゼントするだけの無駄なプレー」という結果が出ているからと言います。

無死、走者一塁からの平均得点は0・896点。これに対してバントを使った一死、走者二塁からの平均得点は0・682点だといいます。GM（ゼネラル・マネジャー）が監督に「送りバント禁止令」を出している球団もあるらしいのです。

思わず、「おいおい」と身を乗り出します。第1期監督時代、当時は確実な策と信じられていたバントをめったに使わないので、「長嶋の感ピューター野球」とずいぶん非難されたものです。我が感ピューターが「送りバントは損だ」と判断した正しさを30年以上たった今、本物のコンピューターが証明してくれたのか……と感無量ですよ。

断っておきますが、私はバント否定論者ではありません。巧みなバントとそれに対する守備プレーなど、ファンにもなかなかの見もののはず。

投手が投げると同時に一塁手と三塁手は打者に向かって勇敢に突っ込むのです。二塁手は一塁ベースに走り、遊撃手は二塁ベースをカバーする……。バッテリーと全内野手が一斉に動くこの「ウィール（車輪）プレー」がめったに見られなくなった、とアメリカの昔堅気の野球人は嘆くらしいのですが、全内野手の動きを車輪の回転運動にたとえるこんな野球用語まであったんですね。

巨人が1961年のベロビーチ・キャンプでドジャースから輸入し、プロ、アマを問わず日本球界に根付かせたプレー（バント・シフト）ですから個人的な思い入れもありますけれど、選手の体が大きくなり、用具が改良され、野球のスケールが大きくなり「バント」の出番が少なくなってこのプレーもめったに見られなくなりました。

果たしてバントは難しいか?

大リーガーたちはバントの「名人」にイチローを指名していたといいます。日本の野球専門誌の選手間アンケートで確実なバント技の持ち主に中日・谷繁(元信)が挙げられたとか。日米ともにバントは大ベテランの技になっている。バントの名人といえば巨人のヘッドコーチの川相(昌弘)。私の第2期監督時代の遊撃手ですが、バットを片手で持ってバント練習していたあの姿はまさしく伝統技術継承という感じでした。

最初の問いに戻ります。バントは難しいか?

第1期監督時代に私が「代打・高田(繁)」とバントのジェスチャーをして審判に告げたことがあった(らしいのです。記憶はあいまい)。ずいぶん話題にされました。高田はきちんとバントを決めました。こういう〝特異な状況〟でのバントは難しかったはずです。

さて、甲子園球児たちは金属バットで決めるのはさらに難しいバントをいくつ決めるでしょうか。テレビの前の楽しみでもあります。

（2013年8月1日）

巨人のV9から感じた、マニュアルを読むと実践するの違い

昨年のクリスマス前の天皇誕生日の日、
テレビのニュースで、天皇陛下が
「自然災害が多く、穏やかな年とは言えませんでした」
とおっしゃっていました。
昨年は豪雨、土砂災害、火山の噴火などで、
そのたびに「災害対応マニュアルが十分生かせなかった」と
反省が繰り返されていた感じです。
マニュアルを読み、頭でわかっていても、
本番で身体が動かない、野球でもよくあることです。

ある総合雑誌が「戦後70周年記念」で歴史に残る出来事の証言の一つとして、私に「巨人のV9について語ってくれませんか」と言ってきました。話してしばらくするとNHK・BSで『巨人V9』のドキュメントの放映です。1965年（昭和40年）から1973年（昭和48年）までの9年間、巨人は日本シリーズを勝ち続けました。まさに空前絶後の出来事でした。

NHKドキュメントで焦点が当てられたのは、川上（哲治）監督と1冊の本、『ドジャースの戦法』でした。川上さんが巨人の監督になった1961年、巨人はベロビーチ・キャンプです。ドジャースのキャンプ地ベロビーチ、そこで『ドジャースの戦法』を〝発見〟し、この勝利の秘伝の虎の巻を他球団に先駆けて読んだおかげでV9達成……わかりやすい。

しかし、それは誤解です。『ドジャースの戦法』は私の大学時代に野球雑誌に翻訳され連載されていました。調べてもらうと、本が出版されたのが、私の巨人入団の前年、1957年（昭和32年）。430円で誰もが簡単に読むことが出来たのです。

読み込んだことで生み出された巨人野球と他チームの野球の違い

ここからがこの雑談の本題です。

書いてあることは、リトル・リーグから大リーグにまで通じる野球の基本です。基本を書いた教科書ですから、少しでもプレー経験があれば読後の感想は、「知っていることだ」となります。私もそうでした。だが、「読んだ」と「読み込んだ」では、まったく違います。

川上さんは「読み込んだ」。基本の奥に潜む意味を考え抜いた。ベロビーチでドジャース選手たちの反復練習を見て、書かれている基礎が選手に徹底されていることを知りました。それを実行させた物静かなウォルター・オルストン監督（監督在籍23年）の強いリーダーシップに川上さんは印象付けられたのです。読んで「わかった」で終わらせず、実践したことが巨人野球を他チームの野球と違うものにしました。

たとえば、今では高校野球でもやる走者一塁の場面のバント・シフト。投手の投球と同時に一塁手と三塁手が打者に向かって猛ダッシュする。遊撃手は二塁に、二塁手は一塁に走る。ライト、センターの外野手も二塁寄りに動く。バント打球を捕った野手に捕手が送球を指示する。送りバントの守りに8人の選手が関わるのです。「完璧の守り」と読んでわかりますが、さてプレーは？ シフトを敷くチームでも外野手が動くまではやりませんね。

お不動様が王さんを動かしたことで変わった日本野球の一塁守備

川上さんは「不動の4番打者」でしたが、一塁手守備でも動かず記者たちは「不動の一塁手」と言っていました。そのお不動様が王さんをものすごく動かした。王さんの動きは日本野球の一塁守備を変えました。川上さんの目指す守備は、ボールを扱う者だけでなく全員でやるチームプレーですから、野手全員の動くタイミングが合わなければダメです。守備の位置取りにも神経を使います。

「ミスター、動きが速すぎます」

「守る位置がちょっと違うようだ」

私は、理屈屋の捕手・森さんや二塁・土井さんによくやられました。

私は守りが好きでした。皆と理想の形をグラウンドに実現させるのが楽しかったですね。

ONがいて、（敬称なしで）金田、堀内ら投手陣、内野に土井、黒江、外野が高田、柴田。そして捕手・森。これだけの才能が集まったのは奇跡のようですが、それだけではV9は無理です。個性派が一つになり、「1点をやらない」ドジャースの守り中心の野球を巨人流に磨き上げ、「石橋を叩いても、なお渡らない川上野球」で勝利を積み上げたのがV9でした。

『ドジャースの戦法』は言わば「マニュアル」です。この本を読んだ他チームの監督、コーチも多かったはずですが、「読んでわかった」と「読み込み、練習で鍛え、実行に移した」との違いをつくづく思いました。

あらゆるところで「マニュアルを生かす」ようになって欲しいものです。

（2015年1月5日）

ラグビーが国民的関心事となった3つの要素

秋のスポーツで最大のトピックスは、
ラグビー・ワールドカップ（W杯）の日本代表の大健闘でした。
ラグビーには熱心な少数ファンはいるけれど、
人気の面で一般の人たちに
広く親しまれているスポーツとは言えなかったと思います。
それが1試合で国民的関心事になりました。

大会が行われたのはイングランド、時差で試合は日本の夜中から未明になります。試合の実況中継を見た人は少なかったろうと想像します。

私も大多数の人たちと同じで、テレビニュースや特番・新聞記事で楽しんだ〝後追い組〟です。ただし、時差のおかげで日本のラグビーに関する情報が丁寧に報じられ、〝後追い組〟にも理解が深まりました。

興味を刺激し、楽しませてくれた「サクラのジャージ」の輝き

私のラグビーの知識は、ルールを大雑把に承知しているぐらいで、日本代表についてほとんど知りません。好試合に興奮し、未知の情報に興味を刺激されて楽しかった。たとえばラグビー代表の愛称が「チェリー・ブロッサムズ＝サクラ軍団」というのも初めて知りました。

外国メディアは「勇敢な」と言い換えて讃えてくれたわけですが、「サクラ」とは、女子サッカー代表の「なでしこ」に張り合ったのかと思いました。ところが、ラグ

ビー代表の愛称のほうがずっと古かったらしい……。

加えてヒーローの誕生です。五郎丸（歩）選手の名はたちまち全国区です。子どもたちの間で五郎丸がプレースキックをする前に行う、昔の時代劇で忍術使いの猿飛佐助がやっていた手を組むポーズに似た（印を結ぶ、といっていました）〝五郎丸ポーズ〟が流行りだしました。楽天新監督の梨田（昌孝）さんも秋季練習視察で〝五郎丸ポーズ〟をやっている写真を見ました。

選手が心を静め、集中するためにやるルーティン（決まった習慣動作）を子どもたちが真似るなんて、打席に入るとバットを立て、それからユニホームの袖に手を触れるイチローのルーティン以来ではありませんか。格好だけでなく、イチローの安打量産と同様でキックの成功率がすごい、そのことも子どもたちが〝五郎丸ポーズ〟に夢中になった理由でしょう。

そして代表チームにまつわるドラマ。エディ・ジョーンズ・ヘッドコーチが「JAPAN WAY＝日本流」を旗印に4年間「世界一の猛練習」を続けたというのです。

特番で観た練習はすごかった。ボールを素早く動かし続け、低いタックルで相手を倒し、低いスクラムで押すという「ＪＡＰＡＮ ＷＡＹ」はこの大会で開花し「サクラのジャージ」は輝きました。

さらなる成長へ挑むラグビー界と高橋新監督のもと苦しい道へ挑む巨人

人気スポーツの条件は、世界最高の舞台で活躍する、スターがいる、そしてドラマというか、チームが様々な物語を持っていることが欠かせないと思います。ラグビーはその3要素を完備していました。

２０１９年は日本で第９回ラグビー・ワールドカップです。日本シリーズの初戦で五郎丸選手が始球式に登場して大歓声を浴びましたが、ラグビー界は今の人気をさらに大きく育てて日本でのＷ杯を迎えてほしいものです。

野球が登場したところで巨人に触れておきます。

直近4年間の巨人の成績は、日本一、日本シリーズ敗退、リーグ優勝後クライマックス・シリーズ敗退、今季リーグ2位、と下降してきました。戦力が落ちているのは明らかです。さらに野球界の常識を踏み外した選手まで出してしまいました。言葉もありません。

高橋由伸新監督のもと、一から出直しです。と言って1年でできることではありません。ラグビー代表のように3年計画、4年計画で腰を据えたチーム再建になるはず、苦しい道への挑戦です。

（2015年11月2日）

「地獄」と呼ばれた1979年秋の伊東キャンプ。背番号90番・長嶋監督は、「息つく暇も与えない」と語った。手前は中畑清選手。

激励メッセージにも感じられた２０１５年スポーツの振り返り

２０１５年のカレンダーも最後の１枚になりました。

年の終わりに、来し方行く末を思うのは、日本人の習慣です。

今年のスポーツ界で最も関心を集めたニュースは何だったでしょうか。

思いを巡らせてみました。

トップは考えるまでもありません。ラグビー・ワールドカップでの日本代表の活躍です。代表チームが帰国したときは、国内のラグビーを見つめる視線は出発の時とは一変していました。

五郎、ではなかった五郎丸（歩）選手の忍者ポーズは今年の日本を代表する人気ポーズとなりました。選手たちはバラエティー番組にまで登場して（協会に要請されて？）、ラグビーを「営業して」います。

熱心ではあっても限られた数のファンに支えられ、国内だけで戦っている、というのが私も含めた一般の人たちのラグビーのイメージでしたが、いきなり世界のトップレベルの姿を見せられ、驚かされました。そんなファンにバラエティー番組であっても「どうです、ラグビーは面白いでしょう。観戦に来てください」と呼びかける姿勢に好感を持ちました。

スポーツニュースの受け売りになりますが、来年から日本は「サンウルブズ＝太陽のオオカミ軍団」をチーム名に世界の舞台のスーパー・ラグビー・リーグに参加します。オオカミがチームとして団結して自分より大きな獲物を倒すのに小柄な日本チームをなぞらえた命名といいます。代表メンバーの何人かは五郎丸がオーストラリアの「レッズ」に加わったように相手の外国チーム所属になりますが、燃え上がったラグビーの炎は消したくありません。野球のシーズンとは重なりませんし、サンウルブズに注目していこうかな……と思っています。それほどラグビーは面白かったですね。

東京オリンピックでは世界の声と信用に応えなければならない

お次はオリンピック準備での迷走の面白くない感想になります。発表された新競技場は、超モダンデザイン、建設費は3千億円超……。

「デザインも費用もすごいな。今の競技場は壊すのか……」

それが私の最初の反応でした。大方の皆さんもそうだったでしょう。さらに大会エンブレムも「外国のデザインに酷似しているなあ」。

その後はご存知の通りの展開です。

超モダンの新競技場も外国デザイン似のエンブレムも白紙になりました。私を含めた〝単純ファン〟の、素朴な利害関係なしの感想はことの本質を突いていたのです。古い競技場の取り壊しだけはいやに手際が良かったのは苦笑ものでした。


半世紀も前のことですから、比べても仕方ないのですけれど、前の東京大会は素晴らしかった。準備万端抜かりなし、大会関係者も観客もメディアも誰もが「よい大会にしよう」という思いで結ばれていました。

断定的に言うのは、大会期間中〝現場の空気〟を体感していたからです。私は王さんと一緒に新聞社の「ON五輪を行く」という企画で〝観戦取材〟をしたのです。

東洋の魔女の女子バレー、「鬼に金棒、小野(喬)に鉄棒」の体操、柔道の神永対へーシンクの戦いなどの名場面を現場で観ています。5人の五輪コンパニオンとの対談で将来の伴侶と出会ったのですから、素晴らしい印象は当然ですが、そんな個人的思いを抜きにしても、あの東京大会はオリンピック史の中でも出色との評価なのだ、というではありませんか。

今度のつまずきにも、世界の声は「いつだって日本はきちんとやる」で、信頼感は揺るがなかったようです。この信用に応えなければなりません。

ラグビー・ワールドカップと重なった野球の『プレミア12』

最後は野球の『プレミア12』。準決勝、対韓国戦の日本は9回3点リードからの逆転負けでした。〝絶対正しい結果論〟の津波状態で継投の失敗が指摘され批判されました。

私には、小久保（裕紀）監督の顔がラグビー・ワールドカップで日本に逆転負けした優勝候補の南アフリカ・ヘッドコーチの茫然自失の顔に重なりました。「オレは9回3点リードで負けた試合はなかったはず」と一瞬そんなことが頭に浮かび「野球では何だって起こるのだ」と言い聞かせたものです。
これが私の選んだ今年の3大スポーツ事件。年の後半の出来事が集中したのは、「来年も楽じゃないぞ、気を引き締めて頑張れ」という天からの激励メッセージなのかもしれませんよ。

（2015年12月1日）

我が野球観が生んだ「トリプル・3」とのニアミス

「野球とは、選手がチームの一員としてプレーする個人競技だ」と何代か前の大リーグ・コミッショナーは言ったそうです。

チーム競技の衣をまとった個人競技。

なるほど、と膝を叩きたくなります。

その個人成績の話題ですが、今季はセ・リーグ、パ・リーグで同時に「トリプル・3＝スリー」選手が誕生しました。

ヤクルトの山田（哲人）内野手、
ソフトバンクの柳田（悠岐）外野手です。

実に13年ぶりの快挙で、史上9人目と10人目にあたります。初の「トリプル・3」選手は65年前の1950年（昭和25年）で、この時もセ（岩本義行さん）、パ（別当薫さん）同時だった……と、目にした新聞記事の再報告です。

「トリプル・3」とは、打率3割以上、本塁打30本以上、そして盗塁が30以上、確実な打撃にパワーがミックスされスピードがある選手の〝代名詞〟です。

ただしこの英語は日本製らしい。もとは大リーグの「30・30club＝サーティ・サーティ・クラブ」で本塁打と盗塁だけ。これは英語の『野球用語辞典』に出ていた、と野球記者OBからの報告です。

日本ではこの大リーグの言葉に、打率を加えハードルを高くし「トリプル・3」、英語としては「?」といいますが、なかなかのネーミングではありませんか。

こんな選手はチームの原動力です。果たしてソフトバンクは独走でパ・リーグを制し、ヤクルトも山田のバットとともに大混戦を切り抜けています。

球場いっぱいに広がったアクションが一点に集中 三塁打こそプロ野球の華

さて、ここで失敗談やら、野球規則解説やら、我が野球観の一端やらを話さねばなりません。「惜しかったですね。トリプル・3」と言われるのです。1958年（昭和33年）、ルーキーの私は打率3割5厘、盗塁37、本塁打が29本なのです。あと1ホーマーで球史4人目の「トリプル・3」にニアミスでした。でも打ったんですよ30号。日にちも覚えています。9月19日、後楽園球場の対広島戦。鵜狩（道旺）投手から左翼線二塁打、中前安打して迎えた3打席目、遊撃手の頭上をライナーで飛ぶ強烈な当たりです。

ここから、プロ野球の華、売り物は何か、との野球観の表明になります。「三塁打」ですね。打球は大きく外野に飛ぶ、ファンの目がそれを追い、外野手も打球に向かって走ります。打者は全力疾走で一塁を蹴り、二塁を回り三塁に滑り込むわけですが、打球に追いついた外野手が三塁めがけて投げてくる。素早い中継でもいいけれど、中継なしのダイレクト送球ならよりファンを熱くします。スタンドすべての視線が走者と送球を追って三塁ベース上に集まるのです。「セーフ！」球場いっぱいに広がったアクションが一点に集中する、野球のダイナミックな運動の最高のシーンというわけです。

「惜しかった」よりも「面白い」球史上最も飛んだピッチャーゴロ

実は一塁を回ったとき一塁手の藤井（弘）さんの「あっ」という声を聞きました。打った瞬間から「三塁打だ」と決めて走っているからそのまま突進し、スタンド入りがわかってホームラン・ランニングに減速しホームを走り抜けました。すると一塁の藤井さんが投手の鵜狩さんからボールを取り一塁を踏んで一塁塁審にアピールです。「アウト」。竹元（勝雄）塁審は、スパイクはベースから10センチ近く離れていた、と巨人の抗議にピシャリ。私は『野球規則』でいう「塁を空過した走者」となり、守備側のアピールによりアウトを宣告されました。我が28号の公式記録は鵜狩から藤井とボールが渡った「投ゴロ」です。ファンを喜ばせようと必死で走った私の快（怪）走は、左中間スタンドに入る投手へのゴロになりました。当時は記録が事細かく報じられる時代ではありませんし、そもそも「トリプル・3」という言葉がありませんから、「お恥ずかしい、次に打ちます」で終わりでした。帰宅途中、石原裕次郎さんの家に寄って球史上最も飛んだはずのピッチャーゴロを打ったバットを置いてきましたが、まき子夫人は今でもそのバットを大切にしてくださっていると伝え聞いています。

「トリプル・3」の誕生はまれですが、記録が生まれるたびに我が失敗がサイド記事で登場するようです。私は苦笑してこう思います。あの試合を観戦した1万8000人のファンは大喜びではなかったか。それも年月が経つうちに「あれ観たぞ」とますます面白さが増して……。「惜しかった」なんて思うはずはありません。

（2015年10月1日）

通算190回を重ねた盗塁数。写真は1961年7月、巨人・阪神戦で挑んだ三塁盗塁。三塁手は三宅。

オリンピック好きの私に加わったあるニュアンス

いよいよロンドン・オリンピックです。
様々な競技で国際大会は日常的に開催されていますが、
オリンピックは特別です。
理由は、選び抜かれた選手、チームが
4年に一度の勝負で
世界のトップを争うスポーツ界最高の
ショーウィンドウだからでしょう。

私もオリンピックは好きです。

ただ、単純だった〝好き〟に野球の代表監督を託されながら、本番5カ月前に倒れて出場できなかった2004年アテネオリンピックの体験で、ちょっとしたニュアンスが加わったような気がしています。

代表監督で実感した日の丸の重みとプレッシャー

2大会前になりますが、私のオリンピック体験談をさせてください。

まず、日の丸を背負うプレッシャーです。選手、監督と巨人で過ごしたことでプレッシャーには慣れっこでしたが、それまで体験した重圧とは全く異質でした。アジア予選決勝リーグの相手は韓国、台湾、中国です。誰もが「勝って当然」と思っていたでしょうが、大差の勝ち試合でもヘトヘトでした。背負った日の丸の重さですね。喉は渇くわ、ドキドキするわ、これはすごかった。体験したものでないと分かりません。

実は機会あるごとに修正をこころみるゴシップがあります。

この決勝リーグの全体ミーティングでの監督訓示で、私が「すべての国が打倒ジャイアンツで向かってくる。油断するな」とやった、と言うのです。

私は「誰かの創作だろう」と主張しますが、コミッショナー事務局（ＮＰＢ）のスタッフは「あれでピリピリしていた選手が吹っ切れた。顔が引きつっていた選手が下を向いて笑いをこらえていた」と言うのです。リラックスさせるより気合を入れる訓示です。

「ジャパン」と「ジャイアンツ」を間違えるはずはありません。が、万一間違ったとしたら、オリンピックのプレッシャーのためでしょう。

万全の準備に、プラス「運」も必要

もうひとつ。すべての競技の選手たちが自国を象徴する色とデザインのユニホームで登場します。ですから、監督権限外を承知でユニホームにも気を配りました。

白地に縦縞、胸に日の丸と赤い字のJAPANが入ったもので、原型はアマ選手だけで日本代表が編成されていた当時のユニホームです。プロ選手だけの代表チーム結成に伴って改良しました。縦縞を少し太くしてその間隔も広げました。観た印象を強くして観客が「カッコいい」と感じ、選手の気持ちを奮い立たせるデザインを意識したのです。

NPBのスタッフは「全部作り直しです。予算は大丈夫か」とあわてました。このユニホームはファンの間でも好評で、海外のスポーツ・グッズ・メーカーからNPBに「販売したいが権料は?」と問い合わせがあったと聞きました。食事のほうも気になって日本からシェフを同行させようか、とも考えていました。

他愛のない挿話ですが、こうして万全に整えても、聖火のもとに立つにはさらに「運」が必要でした。私は「運」に恵まれず、病に倒れてしまいました。この体験以後、代表選手への共感の思いはますます強くなりました。単純なオリンピック〟好き〟が夢にまでみた参加が実現したのに、涙をのんだ悔しさ。〝あるニュアンス〟が加わったとは、そういうことなのです。

幻の陸上選手と、気になる野球のカムバック

ところで学生時代にオリンピック代表候補として〝スカウト〟されかけたことがあります。織田幹雄さんから「君のスピードなら陸上の中距離に転向すればメダルも夢ではない」と言われたのです。

織田先生は１９２８年のアムステルダムオリンピックで日本初の金メダルを三段跳びで獲得したスポーツ界の重鎮です。後に織田先生は社会人野球で投げていた権藤博さんにも声をかけたとか。権藤さんの場合は１９６４年の東京オリンピックの４００メートル・ハードル要員と話は具体的です。

私たちの世代は、スポーツを職業にするなら野球の時代、「野球命」ですから私

同様、権藤さんも陸上転向は考えなかったでしょう。当時はトップレベルの運動能力を持つ者の多くが野球に集まっていた証拠になる話です。

しかし、野球が5大会で退場し、日本は正式種目としては金メダルなしで終わったのは残念でなりません。

野球では何だって起こるし、オリンピックは大会ごとに競技の一部見直しをします。私は野球のオリンピックへのカムバックを信じています。

（2012年7月2日）

〔著者紹介〕

長嶋　茂雄（ながしま　しげお）

読売巨人軍終身名誉監督。1936年千葉県生まれ。立教大在学中は東京六大学野球の新記録（当時）となる８本塁打を放つ。1957年巨人軍に入団。背番号３。入団の翌年本塁打、打点の二冠を獲得し新人王を受賞。ＭＶＰ５回、首位打者６回、本塁打王２回、打点王５回、ベストナイン17回。「ミスタージャイアンツ」と呼ばれる。1974年の現役引退後、巨人軍監督に二度就任し、５回のリーグ優勝、２回の日本一に導いた。2005年文化功労者。2013年国民栄誉賞受賞。

野球人は1年ごとに若返る　（検印省略）

2016年２月20日　第１刷発行
2025年７月15日　再版発行

著　者　長嶋　茂雄（ながしま　しげお）
発行者　山下　直久

発　行　株式会社KADOKAWA
〒102-8177　東京都千代田区富士見2-13-3
0570-002-301（カスタマーサポート・ナビダイヤル）
受付時間 9:00～17:00（土日 祝日 年末年始を除く）
http://www.kadokawa.co.jp/

落丁・乱丁本はご面倒でも、下記KADOKAWA読者係にお送りください。

送料は小社負担でお取り替えいたします。

古書店で購入したものについては、お取り替えできません。

電話049-259-1100（9：00～17：00／土日、祝日、年末年始を除く）

〒354-0041　埼玉県入間郡三芳町藤久保550-1

DTP／内田晶子　印刷・製本／加藤文明社

ISBN978-4-04-601505-1　C0095